U0033013

# Practicing the Power of Now

# 修練當下的力量

艾克哈特・托勒◎著　張德芬◎譯

初步的自由解脫，就是了解到你不是那個思考者。

在你開始觀察那個思考者的那一刻，就啓動了意識的更高層次。

然後你就會了解：有一個智性的廣大領域是超越思想的，思想只是其中極小的一個面向。

你同時也了解到，所有眞正重要的事物，如美麗、眞愛、創造力、喜悅、內在平安，都是超越心智而生的。

這時，你就開始覺醒了。

作者序

# 進入當下力量的關鍵就在你手中

《當下的力量》（*The Power of Now*）在一九九七年第一次出版之後，對地球集體意識的影響遠遠超過我的想像。它被翻譯成多國語言，而我每天也收到很多全球讀者的來信，告訴我他們的生命在接觸了書中收錄的教導之後，都有所改觀。

雖然小我心智瘋狂的影響還是隨處可見，但是一些新的事物卻正在浮現。自遠古以來，人類集體心智模式就讓人們無法脫離受苦的重擔，但之前從來沒有這麼多人準備好要破除這個集體心智模式的束縛。一個新的意識狀態正在浮現。我們已經苦夠了！即使此刻，當你手握著這本書，讀到書中提及可以過一個自由解脫生活的可能性時，這個新的意識就在你之內揚升了。在這個自由解脫的生活中，你不再強加痛苦在自己和他人身上。

很多寫信給我的讀者，都希望我能夠把《當下的力量》裡面的教導歸納成具體實踐的方法，以更容易理解的方式，讓他們在每天的練習當中使用。這些要求促成了這本書的誕生。

除了練習和修練的方法之外，這本書還包含了一些原書的短章節，可以當做一些概念和觀點的提醒，同時做爲在每日生活中貫徹這些概念的指南。

書中有許多章節特別適合做冥想式的閱讀。當你在做冥想式閱讀時，主要不是爲了得到更多資訊而讀，而是要隨著閱讀進入一個不同的意識狀態。這就是爲什麼你可以反覆地閱讀相同的章節許多次，而每一次都會有新鮮的感受。只有在臨在狀態中所寫的字句或所說的話才會有這種轉化的力量，而這轉化的力量就是能夠喚醒讀者臨在的力量。

你最好慢慢地讀這些章節。很多時候，你也許想要暫停一下，享受片刻寧靜的反思或定靜。有時候，你或許可以隨意打開書，瀏覽幾行。

對於那些覺得《當下的力量》令人望之卻步或過於難懂的讀者來說，這本書可以做爲入門的讀物。

艾克哈特・托勒

二〇〇一年七月九日

譯者導讀

# 改變你一生命運的書

《當下的力量》及《一個新世界》（*A New Earth*）的作者艾克哈特．托勒，是我最喜愛的靈性作家/老師。我真的很高興他的作品現在陸續在華語世界被大家接受、推崇，也因而使得這本小書《修練當下的力量》能夠受到重視，並且在二〇〇九年初於海峽兩岸出版。

回顧我和這位老師的邂逅，應該追溯到二〇〇三年，我第一次拿起了《當下的力量》這本書的繁體中文版，當時我看得一頭霧水，覺得朋友推薦的書怎麼一個字都看不下去。後來有一位高人在我家暫住，她拿起了這本書，一邊看，一邊笑，拍案叫絕地說這本書真是太棒了。我納悶之餘，找了英文的原版來看，覺得雖然字字珠璣，可還是眞難消化。

後來，我知道《當下的力量》有這本簡易版：《修練當下的力量》，於是趕緊找來原文書看。這一看果然看出味道來，愛不釋手，覺得作者的文字眞是有如天啓，否則不會如此鞭辟入裡地直指人心。從這本小書入門，再回頭看《當下的力量》及後來出版的《一個新世界》，就覺得一點都不困難了。

所以，現在你拿在手裡的這本小書，很可能就是會改變你一生命運的書。它眞是兼具了知識性和實用性，不但萃取了《當下的力量》的精華，更加上了一些日常生活可以操作的練習方法，非常容易上手。不過作者一再強調，他的書是讓我們去用心體會的，而不是爲我們的頭腦增加一些可以玩弄的知識。正因如此，這本《修練當下的力量》更加難能可貴。它提供的是每日修練的指引，任何人，只要按照書中教的一種方法，持之以恆地練習一段時間，你的生命品質不可能不出現改變。

作者一開始就教導大家他的拿手絕活：觀察自己的思想和情緒。這是脫離我們心智認同，也就是我們受苦根源的最佳方法。他提供的訣竅包括：盡可能經常地去傾聽腦袋裡的聲音、把注意力導向當下、養成習慣問自己：「此刻我的內在發生了什麼事？」覺察呼吸、放下等待、與內在身體的連結等，都是簡單實用、不花力氣和時間，但又能徹底解決我們人生問題的實修妙方。

而在第二部中，作者闡述了如何把靈修的最佳道場——親密關係和人際關係，當成靈性的修持。第六章中對痛苦之身的描述和提供的應對方法，眞是作者有關對治情緒問題的解決之道的精華。雖然《當下的力量》和《一個新世界》對痛苦之身都著墨甚多，但是這本書中的總整理，是我個人認爲最清楚、易懂的，而且可操作性特別強。

第八章也花了很多篇幅討論一般人很容易誤解的「臣服」的觀念，作者在這裡一再澄清：臣服不是不爲，而是無爲，順流而爲。臣服純粹發生在我們的內在，而完全臣服之後所引發的外在行動是無比地強大有力的。作者也給了我們很多選擇：如果無法改變外在環境，你可以接納它或抗拒它。接納帶來平安和更有效的後續行動，而抗拒則帶來更多的負面情緒。如果事件太極端，我們無法不升起極大的負面反應，那麼，我們還有第二次臣服的機會：對我們的內在反應臣服——接納內在的本然。這些眞的都是可以讓我們受益無窮的人生寶貴功課。

我建議讀者，把這本小書隨身攜帶著。在生活中碰到任何狀況、遭遇任何逆境的時候，這就是你的救命稻草。把它當成你的良師益友，在生活中好好實踐、驗證；一段時間之後，仔細觀察你的生活會有什麼樣的變化。

祝福大家！

德芬

P.S. 本書的出版要感謝台灣方智出版社和中國磨鐵文化公司的支持，讓我能夠實現把這本書帶到華語世界的心願。本書的編輯黃淑雲小姐的文字功力，爲這本書注入了鮮活的生命力，感覺上這是我們兩人共同翻譯的作品，在此深表感謝。

CONTENTS

CONTENTS

CONTENTS

# 第一部　取用當下的力量

當你的意識被導向外在，
心智和有形的世界就油然而生；
若導向內在，
它就領悟到自己的源頭，
回到未顯化的狀態，
那裡是它的家。

# 第一章　本體與開悟

在受制於生死輪迴的各式各樣的生命形式之外，有一個永恆的、常在的至一生命。很多人用「神」這個字來描述它，但是我叫它本體（Being）。本體這個名詞並沒有說明任何事情，神這個字其實也是。然而本體卻有一個優勢：它是一個開放的觀念。它沒有把那無限的、無形的，化約成一個有限的實體，你無法在心中勾勒出本體的形象，也沒有任何人可以宣稱他們獨家擁有它。它就是你全然的臨在，當你感覺到自己的臨在時，你就是在感受本體。所以從本體這個字的字面意思，到實際經驗到它本身之間，只有很小的一步距離。

**本體不僅超越了所有生命形式，更深深地存在於每種生命形式之中**——它就是每種生命形式最深處那份無形且不可毀滅的本質。這意味著你現在就可以碰觸到本體，因爲它就是你最深的自我、你的本性。但是千萬不要嘗試用你的頭腦去攫取它，也就是不要試著去了解它。

只有當頭腦靜止下來時，你才能認識本體。當你臨在、當你全神貫注於當下時，本體可以被感覺到，但它永遠無法用心智（mind）去理解。

而所謂開悟，就是重新覺知到本體，並且安住在「感受圓滿成就」（feeling-realization）的那種狀態。

開悟這兩個字聽起來就很「超凡入聖」，但小我就是喜歡這套。然而，開悟不過就是一種感覺與本體合一的自然狀態，也就是與一個既不可測亦不可毀的事物的連結狀態。吊詭的是，這個事物基本上就是你自己，但又比你偉大。開悟就是在你的名字和形相之外，找到自己的眞實本性。

由於無法感知到這份連結，所以我們會產生與自己分裂、也與這整個世界分裂的幻覺。然後你會有意識或無意識地視自己爲一個孤立的碎片。接著，恐懼油然而生，內在和外在的各種衝突也因而成爲常態。

阻止我們體驗這個連結的最大障礙就是與心智的認同，因而造成強迫性的思考。無法停止思考是個可怕的折磨，但我們無法意識到這點，因爲幾乎所有人都在爲此受苦，所以大家都以爲這是理所當然的。沒完沒了的心智噪音阻止你找到那份與本體無法分離的內在定靜，也創造了由心智製造的虛假自我，投射出恐懼和苦難的陰影。

與心智認同會創造一個由觀念、標籤、形象、言語、批判和定義所組成的幽暗屏幕，阻礙你所有眞正的人際關係。它擋在你和你自己之間、在你和你的朋友之間、在你和大自然之間，也擋在你和神之間。這個思維的屏幕創造了分裂的幻相——你和其他所有的存在是分離的。你因此忘卻了一個重要的事實：在肉體的表面和各自獨立的形相之下，你和其他所有的存在其實是一體的。

如果使用得當，心智是個超級好用的工具；但若使用不當，它會有強大的破壞力。更正確的說法是：其實不是你使用頭腦的方法錯誤，基本上你根本沒有使用它，是它在使用你。這就是一種病態。你認為你就是你的心智，這是一種錯覺。這個工具已經掌控了你。

這就好像是你被占有了，你卻毫無所知，還把占有你的實體當成你自己。

而**初步的自由解脫，就是了解到你不是這個占有你的實體**——這個思考者。光是知道這件事就讓你有能力去觀察它，而在你開始觀察這個思考者的那一刻，就啓動了意識的更高層次。

然後你就會了解：有一個智性的廣大領域是超越思想的，思想只是其中極小的一個面向。你同時也了解到，所有眞正重要的事物，如美麗、眞愛、創造力、喜悅、內在平安，都是超越心智而生的。這時，你就開始覺醒了。

## 撤離對心智的認同

好消息是，你可以從心智當中解脫。這是眞正的自由，你現在就可以著手進行第一步。

**盡可能經常傾聽腦袋裡的聲音**，特別注意那些常常重複的思考模式，它們就像陳年錄音帶一樣喋喋不休地在你的腦海裡重複了好多年。

這就是我說的「觀察那個思考者」，也就是去傾聽自己腦袋裡的聲音，做一個觀察的臨在。

當你聆聽那個聲音時，態度要不偏頗。也就是說，不要批判或責備你所聽到的。因爲一旦批判或責備，就意味著那個同樣的聲音又從後門溜進來了。你很快會發現：那個聲音在那裡，而我在這裡聽著它、注視著它。這份對於「我在」的了解，就不是一個思想了，它是對你自身臨在的一種感知，是超越心智而生的。

所以，當你聆聽你的思想時，你不但覺察到了思想，也覺察到自己在觀察思想，一個新的意識向度就出現了。

**當你聆聽思想時，你會感覺到「有意識的臨在」**——在思想之後或之下一個更深層的自我。這樣一來，你的思想就失去了掌控你的力量，而快速地減弱，因爲你已不再經由認同你的心智，而賦予它能量了。這時，那種不由自主、強迫性的思考就開始步向終結。

當一個思想銷聲匿跡時，你會經歷到心智續流中的一個間斷——無念的間隙。起初，這個間隙可能很短，也許幾秒鐘而已，但是它們會逐漸變長。當這些間隙發生時，你會感到內在有某種定靜和平安。你開始感覺到你與本體合一的自然狀態，這種狀態通常會被心智遮蔽起來。

隨著不斷練習，定靜和平安的感受會加深。事實上，它的深度沒有盡頭。你也會感受到一種內在深處散發出來的微妙喜悅，那就是本體的喜悅。

在這個與內在連結的狀態中，你會比處於和心智認同的狀態時更加警覺、更加清醒。你是全然地臨在。而這個與內在的連結也提升了賦予你肉體生命的能量場的振動頻率。

當你更深地進入無念（這是東方人常用的說法）的範疇時，你會領悟到純粹意識的狀態。在那種狀態下，你強烈地感覺到自己的臨在和極大的喜悅，因此所有思考、情緒、身體，還有整個外在世界相對來說都不重要了。這不是一個自我（selfish）的境界，而是無我（selfless）的境界，它帶領你超越了你原先認爲的自己（yourself）。那份臨在就是本質上的你，但又不可思議地比你偉大許多。

**除了觀察思考者之外，把注意力導向當下也能在心智續流中創造一個間隙**。你只要深刻地意識到當下時刻就可以了。

這是一件能讓人獲得極大滿足的事。利用這個方式，你把所有意識從心智活動中撤離，進而創造一個無念的間隙。在這個無念的間隙中，你高度警覺，並帶著覺知，但沒有在思考。這就是靜坐冥想的精髓。

**在每天的生活中，你可以找一個本身沒有什麼目的性的例行公事來做這個練習**，然後把你所有的注意力都放在上面，讓這件事本身變成一個目的。例如，每當你在家裡或公司上下樓梯的時候，仔細注意每個步伐、每個動作，甚至你的呼吸——全然地臨在。

或在洗手的時候，注意所有與這個動作有關的感官覺知：水的聲音和感覺、手的每個動作、肥皂的味道等等。

或者，當你上車、關上車門以後，停幾秒鐘，然後觀察你呼吸的流動，去覺察一種寧靜但強而有力的臨在感。

有一個標準可以用來確切衡量這個練習是否成功：你內在感覺平靜的程度。

在你邁向開悟的旅程中，最重要的一步就是學習不與你的心智認同。每當你在心智續流中創造一個間隙，你的意識之光就會成長茁壯一些。

有一天，當你逮到自己對著腦袋裡的聲音微笑，就像你對孩子的調皮言行微笑一般，那就意味著你不再那麼認眞嚴肅地看待你心智的內容了，因爲你的自我感已經不再依附於它。

## 開悟：超越思想

在成長的過程中，你會基於個人和文化上的制約，而塑造一個自己是誰的心理形象（mental image）。我們可以稱這個虛假的自我爲小我（ego），它由心智活動組成，而且只能經由不斷地思考而存活。小我這個名詞，對不同的人來說有不同意義，但是當我使用這個詞的時候，指的是經由無意識地與心智認同而產生的虛假自我。

對小我來說，當下時刻幾乎不存在，只有過去和未來才是重要的——完全顚倒是非。這也說明了一個事實：當心智處於小我模式時，功能完全失調。小我關心的始終是如何讓過去存活下來，因爲如果沒有過去，那麼你是誰呢？它也不斷把自己投射到未來，以確保能繼續存活，並且在未來尋求某種形式的慰藉或滿足。它會說：「有一天，當這個、那個或其他事情發生的時候，我就會OK了、快樂了、平靜了。」

即使當小我看起來是關切當下的，它所關切的也不是眼前的當下，因爲小我看待當下的方式完全錯誤——它是以過去的眼光來看的。或者，小我會將當下貶低爲一個達到目標的手段，而它所謂的目標，卻永遠存在心智投射出的未來之中。觀察你的心智，然後你會看見這就是小我運作的方式。

當下時刻蘊含著解脫的關鍵，但只要你認爲你是你的心智，就無法找到當下時刻。

開悟意味著超越思想。在開悟的狀態中，必要時你還是會用心智思考，但會比以前更專注、更有效率。你大部分是爲了實際用途而使用心智，而且你擺脫了不由自主的內在對話，因而感受到內在的定靜。

當你眞的需要使用心智，特別是必須找到一個具有創意的解決方案時，你會在思想與定靜之間、心智與無念之間來回擺盪，各停留幾分鐘。無念是有意識但無思想，這樣才會有創意思考，因爲只有這樣，思想才會有眞正的力量。如果只有思想，而不與更廣大的意識範疇連結在一塊兒，那麼這樣的思想很快會變得貧瘠、病態、具破壞性。

## 情緒：身體對心智的反應

我在這裡使用「心智」這個詞的時候，指的不單是思想，還包含了你的情緒，以及所有無意識的心理—情緒反應模式。情緒在心智與身體交會之處升起，它是身體對心智的反應——或者可以說，它是心智在身體上的一個反映。

你愈是與思考、喜惡、批判和闡釋認同——也就是說，當你愈沒有以觀察者的意識臨在時——情緒能量的負荷就愈重，無論你有沒有察覺到。如果你無法感受自己的情緒，或是切斷了與情緒的連結，那麼你最終會在純粹肉體的層面上經歷到這些情緒，它們可能會變成生理問題或徵兆。

**如果你很難感受到自己的情緒，可以先試著把注意力放在身體的內在能量場上**，從內在感受你的身體。這也會將你和你的情緒連結在一起。

如果你眞想了解你的心智，你的身體始終會提供眞實的反映。所以，試著在身體內看著情緒，或是去感受它。如果情緒和思想之間有很明顯的分歧，那麼思想永遠是說謊的那一方，情緒則始終眞實。這裡所謂的眞實，指的並非你是誰的終極眞相，而是你當時心智狀態的相對眞實。

也許你尙未能將無意識的心智活動帶入覺知之中，而使它們變成思想，但它們始終都會在身體上反映成情緒，而你是可以覺察到自己情緒的。

用這種方式觀察情緒，基本上和我早先說的「傾聽或觀察一個思想」有異曲同工之妙。唯一的差別就是，思想在你的腦袋裡，情緒卻有一個很強的生理成分，所以主要是在身體上被感受到。只要能觀察到你的情緒，你就可以允許它存在，而不被它控制。你就不再是你的情緒了，你成了觀察者，觀察的臨在。

如果你這樣持續練習，內在所有的無意識都會被帶到意識之光中。

**習慣性地自問：此刻我的內在發生了什麼事？**這個問題會指引你正確的方向。但是不要分析，只要觀察。要向內聚精會神，感受情緒的能量。

如果當時沒有情緒存在，就把注意力更深地帶入身體的內在能量場，那是進入本體的大門。

# 第二章　恐懼的源頭

心理形式的恐懼其實和任何具體、眞實的緊迫危險無關。它會以多種形式出現：不安、憂愁、焦慮、緊張、壓力、害怕、恐懼症等等。這種心理上的恐懼總是來自可能發生的事，而不是當下正在發生的事。你在此時此地，你的心智卻在未來——這創造了一個焦慮的間隙。而如果你認同你的心智，且無法與當下的力量和它的單純性連結上的話，那個焦慮的間隙就會與你長相左右。你可以應付在當下時刻發生的事，但是對於心智投射出的未來，你束手無策。

此外，只要你與心智認同，小我就掌控你的人生。小我因爲虛幻的本性，即使有精心打造的防禦機制，還是非常脆弱，且充滿不安全感，時時都認爲自己正遭受威脅，就算外表看起來非常有自信，內在一樣如此。我們剛剛說過，情緒是身體對心智的反應。那麼，身體從小我——這個心智製造的虛幻自我——那裡，不斷收到什麼樣的訊息呢？危險！我正遭受威脅！而這個連續不斷的訊息會導致什麼樣的情緒？當然是恐懼。

恐懼看起來似乎有很多肇因。害怕失去、害怕失敗、害怕受傷害等等，但最終所有的恐懼都是小我害怕死亡、害怕被消滅的恐懼。對小我來說，死亡始終隨侍在側。在這個與心智認同的狀態下，對死亡的恐懼會影響你生活的每個面向。

比方說，在與人爭辯時，很多人強迫性地需要讓自己是對的，而對方是錯的——就是爲自己認同的心理立場辯護。這個看起來微不足道且「正常」的小事，就是小我對死亡的恐懼造成的。如果你認同一個心理立場，而你錯了，那麼你建立在心智之上的自我感就受到滅頂的嚴重威脅。所以，做爲小我的你是無法承認錯誤的，因爲承認錯誤就意味著死亡。很多戰爭都是因此而起，無數的人際關係也因此破裂。

一旦你不再認同你的心智，無論你是對是錯，一點也不會影響你的自我感。因此，「自己必須是對的」這種極端強迫性且深度無意識的需求（其實是某種形式的暴力）就不存在了。你可以清楚且明確地陳述你的感受或想法，但其中不會有攻擊或防衛。因此，你的自我感會來自內在一個更深、更眞實的空間，而不是來自你的心智。

**注意看看你的內在是否有任何形式的防衛**。你在防衛什麼呢？一個虛幻的身分，一個心智中的形象，一個假想的實體。當你意識到這個防衛模式，藉由觀察它，你就不再與它認同了。在你的意識之光中，無意識的模式很快就會瓦解。

這就是所有爭辯和權力鬥爭的終結——而爭辯和權力鬥爭對人際關係有極大的破壞力。以權力凌駕他人之上，其實是一種僞裝堅強的脆弱。眞正的力量蘊藏於內在，而且你在當下就可以取用。

心智總是企圖否定當下、逃離當下。換句話說，你愈是與心智認同，就愈受苦。或者你也可以這麼說：你愈是能夠推崇、接納當下，就愈能從痛苦和受苦當中、從小我的心智當中解脫。

如果你不想再爲自己和其他人製造痛苦，如果你不想爲那些還存活在你之內的殘餘舊痛添薪加柴，就不要製造更多時間，至少在生活的實際需要之外，不要再創造更多時間。那麼，要如何停止製造時間呢？

深刻地了解到：**此時此刻是你所能擁有的全部**。讓當下這一刻成爲你生活的主要焦點。

也許以前你常常停駐在時間當中，只是偶爾拜訪一下眼前的時刻；現在不如轉而多安住在當下，然後只在應付生活情境的實際所需時，才去短暫拜訪過去和未來。

永遠對當下時刻說：「是！」

## 終結時間的幻相

不再認同心智的關鍵在於：終結時間的幻相。時間和心智是密不可分的，把時間從心智中移除，它就停止了——除非你選擇使用它。

當你與心智認同時，就被時間束縛，然後你會強迫性地幾乎完全經由記憶和期望而活。這會使得你無止境地被過去和未來占據，讓你無法尊重和認可當下時刻，並允許它如實存在。過去能給你一個身分認同，而未來有著解脫和各種圓滿成就的希望，因此你會強迫性地認同它們，但這兩者都是幻相。

你愈是聚焦在時間上（時間指的是過去和未來），就愈會錯失當下——世上最寶貴的事物。

爲什麼當下是最寶貴的事物？首先，因爲它是唯一，也是所有你能擁有的。你的整個生命就是在這個永恆當下的空間之中展開的，而這個永恆的當下也是唯一不變的常數。生命就是當下，你的生命從來沒有一刻不是在當下，將來也不會有。

其次，當下是唯一能夠帶領你超越心智局限的切入點，它讓你可以進入無時間性且無形無相的本體範疇。

你可曾在當下以外經歷過、做過、想過或感覺過任何事物？你認爲你將來可能有這種經驗嗎？在當下之外，可能有任何事物發生或存在嗎？答案十分明顯，不是嗎？

沒有任何事物可以在過去發生，它只能在當時的當下發生；沒有任何事物會在將來發生，它只會發生在當下。

我話裡的精髓無法被心智理解，但你一旦掌握它，意識就會從心智轉到本體，從時間轉到臨在。突然之間，所有事物都變得如此鮮活，散發出能量，綻放出本體。

# 第三章　進入當下

隨著無時間性的向度（dimension）而來的，是一份截然不同的知曉，這份知曉不會扼殺存在於萬事萬物之中的靈性，不會摧毀生命的神聖與神祕，反而對眾生都有一份深沉的愛和敬意。但心智對這份知曉渾然不覺。

**學會破除否定和抗拒當下時刻的舊模式**。當注意力不需要放在過去和未來時，練習將它收回來。在每日生活之中，盡可能跨出時間的向度。

如果你覺得直接進入當下很困難，可以先去觀察心智習慣逃離當下的傾向。你會觀察到，心智通常把未來想像成比當下更好或更差。如果那個想像中的未來是更好的，它會帶給你希望或愉悅的期待；如果更差，則創造了焦慮。但這兩者都是幻相。

經由自我觀察，更多的臨在就會自動注入你的生命之中。當你發現自己沒有臨在的那一刻，你就臨在了。只要能夠觀察心智，就不會陷入其中，另外一個不屬於心智的元素就會翩然來到，那就是：觀察者的臨在。

以心智的觀察者臨在——觀察你的思想、情緒，以及你在不同狀況下的反應。你對自己的反應，至少要像你對激起你反應的情境或人那樣關注。

同時要覺察到，你的注意力有多常停駐在過去或未來。然後，不要批判或分析你觀察到的，就只是看著你的思想、感受你的情緒、觀察你的反應，而不要把它們變成個人問題。這樣一來，你就會感受到比你觀察到的那些更強而有力的某種東西——那個在你心智內容之後、寧靜的觀察者臨在（靜默的觀察者）。

當某些特定狀況觸動了比較強烈的情緒負荷時，高度的臨在是非常需要的。特定的狀況可能是：當你的自我形象受到威脅、生活中出現了一個觸發你恐懼的挑戰、事情出了差錯，或是過去某個情結被挑起了。在這些狀況中，你會傾向變成「無意識」，然後反應或情緒會接管你——你變成了它。你會把反應或情緒表現出來，你會辯護、控訴、攻擊、防衛……但它並不是你，而只是一個反應模式，是處於慣性求生狀態中的心智。

與心智認同就賦予它更多能量，觀察心智則可以將能量收回來；認同心智會創造更多時間，觀察心智則會開啟無時間性的向度，而從心智當中收回的能量就會轉化為臨在。一旦你能夠感受到臨在究竟是什麼，就能在實際生活上不需要時間的時候，輕易地選擇從時間的向度中跨出來，而更深地進入當下。

當你為了實際用途而需要用到時間（過去或未來），這麼做並不會妨礙你運用它們的能力。它也不會減弱你使用心智的能力，事實上，這個能力還因此變強了。當你眞的在使用心智時，它會更加清晰、更加聚焦。

開悟的人關注的焦點始終是當下，時間對他們來說是在「外圍」，就像我們的眼睛聚焦在一件物體上的時候，還能看到周邊的景物。換句話說，他們繼續使用鐘錶時間，但能從心理時間當中解脫出來。

## 放下心理上的時間

學著在生活的實際面使用時間（我們可以稱之爲「鐘錶時間」），但當這個實際需求被滿足之後，立即要回到當下時刻的覺知中。這樣一來，就不會有心理時間的累積。所謂心理時間，就是經由認同過去，以及強迫性地持續投射到未來所產生的。

如果你設定一個目標，並且努力向它邁進，就是在使用鐘錶時間。你知道要往哪裡去，但尊重自己在當下採取的那一步，並且全神貫注在其中。如果你變得過度關注目標——也許是因爲你在其中尋找快樂、成就或更加完整的自我感——那麼當下就不再受到尊重，而被貶低爲一個進入未來的踏腳石，本身不具價值。鐘錶時間因而被轉換爲心理時間，你生命的旅程就不再是一個奇妙的探險，而只是一個爲了到達某處、得到某物、達成某事的強迫性需求。你無法再欣賞路旁的花朵或聞到花香，也無法察覺生命中的美好和奇蹟。這些生命中的美好和奇蹟，是隨著你臨在於當下而在你周圍展開的。

你是否總在試著到達某處，而不是安住在你所在之處？你的所作所為大多是為了達到目標的手段嗎？你的成就、滿足感是否永遠在轉角處等待，或者僅限於短暫的歡愉，例如性愛、食物、酒精、藥物，或是激動和狂喜？你是否總把注意力放在成為、達到、獲得，或是追逐新的刺激或享受？你是否相信如果你獲得更多，就會變得更圓滿，才會覺得夠了，或是心理上才能感覺完整？你是否在等待一個男人或女人為你的生命帶來意義？

對於與心智認同或未開悟的普通意識狀態來說，蘊含於當下的無限創造潛能和力量完全被心理時間遮蔽。因此，你的生命不再有活力、不再生氣勃勃，也失去了神奇感。思想、情緒、行為、反應和欲望的老舊模式就不斷重複地演出你的心理劇本，這給你某種身分認同，卻完全扭曲或遮蓋了當下的實相。而因為未來可被視為逃離當下的手段，所以心智為了逃離令人不滿的當下，就會對未來產生迷戀。

而被你視為未來的，其實是你當下意識狀態本質的一部分。如果你的心智背負著過去的沉重負擔，你將來會背負著更重的擔子，因為過去會透過臨在的缺席而永續存活。能夠塑造未來的是你此刻意識的品質，而未來，當然只能以當下的形式被經驗。

如果未來是由你在當下的意識品質決定，那麼決定你意識品質的又是什麼呢？就是你臨在的程度。所以，唯一能讓真正的改變發生，並讓過去瓦解的地方，就是當下。

你也許覺得，要承認是時間讓你受苦或造成你的問題，可能有點困難。你認為你的痛苦和問題是你生命中某些特定的情境造成的，而從一般人的角度來看，這也是眞的。但是除非你從製造問題的本源，也就是功能失調的心智著手（這裡指的是心智對過去和未來的執著，以及對當下的否定），否則所有問題實際上是互相輪換的，轉來轉去都是一樣的肇因。

如果你所有的問題，或是被你視為痛苦或不幸的肇因都在今天奇蹟般地消失了，但是你並沒有變得更臨在、更有意識，那麼你很快會發現自己又陷入一連串相同的問題或痛苦的肇因之中，它們如影隨形地跟著你。因爲問題終究只有一個：被時間局限的心智本身。

時間當中不會有救贖，你無法在未來獲得解脫。**臨在才是解脫的關鍵**。所以，你只能在當下獲得自由。

## 在生命情境之下找到你的生命

你所謂的生命，正確地說，應該叫做「生命情境」。它是心理時間：過去和未來。有些過去的事情沒有按照你期望的方式呈現，你還在抗拒這些過去發生的事，然後你現在又在抗拒當下的本然（what is）。讓你繼續前進的動力是希望，但是希望也讓你把焦點放在未來，而持續聚焦未來會讓你不斷地否認當下，也因此讓你的不幸一直延續下去。

所以要**暫且忘卻你的生命情境，把焦點放在生命上面。**

你的生命情境存在時間之中，生命則是當下。

你的生命情境與心智有關，生命則是眞相。

找出「引導我們走向生命的窄門」，它的名字叫當下。把你的生命縮小爲眼前這一刻。你的生命情境也許充滿問題——大部分的生命情境都是如此——但是找找看你在當下時刻有沒有任何問題。不是明天或十分鐘以後，而是現在。你在這一刻有任何問題嗎？

當你充滿問題的時候，就沒有空間讓新的事物進來，也沒有解決問題的空間了。所以只要你能力所及，就騰出、創造一些空間，這樣你就可以在生命情境之下找到你的生命。

**你可以充分使用你的感官覺受。**留意此時此地，環顧四周，光看就好，不要闡釋。看著光線、形狀、顏色、質地，覺察到每一件事物寂靜的臨在，覺察到那個讓所有事物得以存在的空間。

傾聽周遭的聲響，但不要批判，而是去聆聽聲音之下的那份寧靜。

觸摸某樣東西——任何東西——然後感覺並認出它的本體。

觀察你呼吸的韻律，感受氣息的進出，體會你身體內在的生命能量。允許所有事物如實存在，無論是內在或外在的。允許所有事物的

「如是」（isness），然後深深地進入當下。

此刻，你正把心智建構的、受制於時間的死寂世界拋諸腦後。你逃離了那個耗損你生命能量的病態心智，這個心智也逐漸地在毒化、摧毀地球。你從時間的大夢中甦醒，進入了臨在。

## 所有的問題都是心智的幻相

**把注意力放在當下**，然後告訴我，在這一刻，你有什麼問題。

你沒有回答我，顯然此刻你是沒有問題的。當你全神貫注於當下，是不可能有問題的。如果一個情境發生了，你不是去處理它，就是去接納它。何必把它變成一個問題呢？

心智無意識地喜愛問題，因爲問題會賦予你某種身分認同。這很常見，但也是病態。「問題」意味著你在心理上留駐在一個情境之中，並不眞的想要，或是不認爲有可能採取及時的行動，同時你是無意識地讓問題成爲你自我感的一部分。你被你的生命情境完全征服，以至於失去了生命感、本體感。還有一種情形就是，你腦子裡背負了一百件你未來要做或可能會做的事，形成沉重的負擔，卻不把焦點放在一件你現在可以做的事情上面。

**當你創造問題時，也創造了痛苦。**這不過就是一個簡單的選擇，一個簡單的決定：無論發生什麼事，我不會再爲自己創造更多痛苦，也不會再製造更多問題。

雖然這是個簡單的選擇，但也非常激進。除非你厭倦痛苦、受夠了，否則不會如此選擇。而除非你能取用當下的力量，否則也無法堅持下去。如果你不再爲自己製造痛苦，就不會再爲他人創造痛苦，然後也不會再以製造問題而產生的負面性來污染我們美麗的地球、你的內在空間，還有人類的集體心靈。

假設有個需要你在當下處理的情境發生了，如果你採取的行動是從當下時刻的覺知中升起的，將會清晰而準確，而且極可能很有效。這個行動不會是從你心智過去受到的制約而來的反應，而是一個針對當下情境而起的直覺回應。在其他的情況中，當受時間局限的心智開始反應時，你會發現如果什麼都不做，而只是在當下歸於自己的中心，反而會更有效。

## 本體的喜悅

你可以用一個簡單的標準，來衡量自己是否又受到心理時間的掌控了，這也可以當做警惕。

**問你自己：「我正在做的事情是否讓我感覺喜悅、安逸和輕鬆**

**呢？」**如果不是，那就表示當下時刻被時間遮蓋了，生命因此被視爲負累或掙扎。

如果你正在做的事情無法讓你感到喜悅、安逸和輕鬆，並不意味你必須改變你所做的事，改變做事的方法可能就夠了。做事的方法（how）永遠比你做的事（what）來得重要。看看自己能否將更多注意力放在「做事」本身，而不是放在你想要透過做事而獲致的結果。無論當下呈現出來的是什麼，都全神貫注在其中。這意味著你也要完全接納事物的本然，因爲你不可能全力關注一件事，同時又抗拒它。

只要你尊重當下時刻，所有的不快樂和掙扎就消融了，生命會開始流露出喜悅和安逸。當你的行動是出於當下時刻的覺知時，無論你做什麼，都會帶有品質，以及關懷與愛的感覺——即使是最簡單的行動。

**不要關切你行動的果實，而是關注行動本身。**瓜熟自然落地，行動的結果也自然會在最佳時刻呈現。這是一個強而有力的靈性修持。

而當你不再強迫性地偏離當下，本體的喜悅就會流入你所做的每件事情當中。當你的注意力轉向當下，你會感受到那份臨在，那份定靜，那份平安。你不再仰賴未來提供你成就和滿足——你不會在未來之中尋找救贖。因此，你就不會執著於結果。無論失敗或成功，都沒有力量改變你本體的內在狀態。你在生命情境之下找到了生命。

在心理時間缺席的狀況下，你的自我感會從本體衍生出來，而不是來自你個人的過去。因此，想改變自己現況的這種心理需求也不存在了。就俗世來說，在生命情境的層次，你是可以變得富有、學識豐富、成功、自由自在，但是在更深的本體向度中，你在當下就已經是完整且圓滿的。

## 意識的無時間狀態

當你身上所有的細胞都如此臨在，都能感覺到生命的律動，同時當你能夠時時刻刻都感覺生命是本體的喜悅時，那你可以說是從時間當中解脫了。從時間當中解脫意味著不再有從過去汲取身分認同，以及在未來尋找圓滿成就的心理需求。它代表你能想像得到、最深遠的意識轉化。

**當你初次瞥見意識的無時間狀態時，你會開始在時間和臨在的向度之間來回擺盪。**首先，你會覺知到你的注意力眞正放在當下的時候並不多，但光是知道你沒有臨在就是一個很大的成功了，因爲這份知曉就是臨在——即使它起初只會維持幾秒鐘的鐘錶時間，隨即又消失。

然後，隨著次數增加，你會選擇讓你意識的焦點維持在當下，而不是在過去或未來。當你覺察到你又失去當下的時候，這次你就能夠停留在那裡，不僅僅是幾秒鐘，而是更長的時間——從鐘錶時間的外在觀點來看。

所以，在你能夠穩定地在臨在狀態中安住下來之前——也就是說，在你能夠全然地有意識之前——你會有一陣子在意識與無意識之間、臨在狀態與心智認同狀態之間來來回回轉換。你會一次又一次地失去當下，然後又轉回去。最終，臨在會成為你主要的狀態。

# 第四章　瓦解無意識

有件很重要的事：在事情相對比較順利的日常狀態中，試著把更多意識帶進你的生活。這樣一來，你臨在的力量就增加了。它會在你的內在和周圍創造一個高振動頻率的能量場，無意識、負面性、不和諧或暴力都無法進入這個能量場並存活，就像黑暗無法在臨在之光中生存一樣。

當你學會成爲你思想和情緒的觀察者時（這是臨在的重點），你可能會第一次覺察到那些在背景裡頭、像靜電干擾一樣的普通無意識（ordinary unconsciousness），並且了解自己幾乎很少享受到眞正的內在平安，這時，你也許會感到很驚訝。

在思考的層次，你會發現有很多抗拒，它們以批判、不滿及偏離當下的心理投射等方式表現出來。而在情緒的層次，則會有不安、焦慮、煩悶或緊張等暗流。兩者都是心智處於慣性抗拒模式之下的面向。

觀察你是如何透過不必要的批判、對本然的抗拒，以及對當下的否定，而在你的內在產生各種形式的不安、不滿及緊張。

當意識之光照耀時，任何無意識都會消失無蹤。

一旦你知道如何瓦解普通無意識，你的臨在之光就會光芒萬丈地閃耀。因此，當感覺到深層無意識像地心引力般拉扯你時，就比較可以從容應付。然而，普通無意識實在太讓人習以為常，一開始可能不容易覺察到它。

你可以養成這個習慣：**透過自我觀察，隨時監督自己的心理和情緒狀態。**

「此刻我是否自在、平安？」就是一個可以常常問自己的好問題。

或是你可以問：「此刻我的內在發生了什麼事？」對內在發生的事，至少要像對外在發生的事一樣感興趣。如果內在搞定了，外在自然各就其位。首要的實相在內，次要的才是在外。但是**不要立刻回答這些問題**。把你的注意力轉而向內，看看自己的內在。

你的心智正在製造什麼樣的想法？

你感受到什麼？

把你的注意力導向身體。身體有沒有任何緊張？

一旦你探測到一定程度的不安（背景裡的靜電干擾），試著看看自己是如何藉由否定當下，來逃避、抗拒或否定生命。

人們無意識地抗拒當下時刻的方法有很多種。經由練習，你自我觀察及監督自己內在狀態的能力都會加強。

## 無論身在何處，要全然地在

你有壓力嗎？你是否忙於前進到未來，因而把當下貶低爲達成目標的手段？壓力的產生，是因爲你身在此地卻想要到彼處，或是身在此刻卻想要前進到未來。這個分歧將你的內在撕裂了。

過去的事是否占據你大半的注意力？你是否常常談論、想著過去，無論是正面或負面的？例如你過去的豐功偉業、你的冒險歷程或經驗，或是你身爲受害者的故事和發生在你身上的可怕事情，又或者是你對其他人做的事？

你在想著過去時，是否感到內疚、驕傲、怨恨、憤怒、悔恨或自哀自憐？如果是，你就是在你的心靈中不斷累積過去，藉以強化虛假的自我感，同時還加速了身體的老化。你可藉由觀察周圍那些喜歡抓著過去不放的人，來驗證此言眞假。

**每一刻都對過去說再見**，你並不需要它。只有在過去跟當下絕對有關的情況下才去引用它。感受當下時刻的力量及本體的圓滿具足。感受你的臨在。

你憂慮嗎？你是否經常想到「如果……的話」？這樣就是與心智認同。心智把自己投射到一個想像的未來情境中，進而創造出恐懼。你無法應付這樣的情境，因爲它不存在──它是一個心理上的幻影。

只要尊重、認可當下時刻，你就可以停止這個損害健康和生命的瘋狂行爲了。

**去覺察你的呼吸**，感受進出你身體的氣息，感受內在的能量場。在實際生活中（相較於想像的心智投射），你需要應付、處理的，不過就是此時此刻。

問自己「此刻」有什麼問題，不是明年、明天或五分鐘以後，就是現在這一刻，你有什麼問題？

你可以應付、處理「現在」，但是你無法應付、處理「未來」——你也不需要。解答、力量、正確的行動，或是資源，都會在你需要的那一刻出現，不是之前，也不是之後。

你是一個慣於等候的人嗎？你生活當中有多少時間是花在等待上面？在郵局排隊、困在車陣中、在機場候機、等候他人到來、等著把工作做完等等，是我所謂「小規模的等待」。而「大規模的等待」，就包括了下一次的假期、一個更好的工作、孩子快快長大、一份眞正有意義的親密關係、成功、賺錢、成爲重要人物、開悟等。有些人等了一輩子都還沒好好開始生活，這也是很常見的。

等待是一種心智狀態。基本上，它意味著你要的是未來，不要此時此刻；你不要你擁有的，要的是你沒有的。無論何種等待，都會讓你無意識地在兩個狀況之間創造內在分歧：一個是此時此地（你不想待的地方），另一個是投射出的未來（你想要去的地方）。這樣一來，你會失去當下，也大大降低了生活品質。

例如很多人等待發財、豐盛，但它不會現身在未來。當你尊重、認可，並全然接納你當下的實相——你所在之處、你是誰、你此刻在做什麼——當你能全然接受你所擁有的，你會對擁有的這一切、對現狀、對本體感到感激。而對當下和生命此刻的圓滿感到感激，才是眞正的豐盛。它無法在未來現身，然而隨著時間的演進，那份豐盛會以不同的方式顯化出來。

如果你對自己擁有的覺得不滿意，或是對你現在的欠缺、不足感到挫敗或憤怒，這可能會激勵你去追求財富，但即使你眞賺到了幾千萬，還是會繼續經歷內在匱乏的感覺，內心深處還是無法感到滿足。你或許會有很多金錢可以買到的刺激經驗，但它們來了又走，總是留給你空虛的感覺，反而會讓你感到需要更多肉體或心理上的滿足。你不曾安住在本體之中，因此也無法感受到此刻生命的圓滿——光是這份圓滿就是眞正的豐盛了。

**放下「等待」這種心智狀態**。當你逮到自己又陷入等待之中，趕緊走人，轉而進入當下時刻。然後停留在當下，並且享受那個存在的狀態。如果你處於臨在狀態，就根本不需要等待任何事物。

所以下次有人跟你說：「抱歉讓你久等了。」你可以回答：「沒關係，我沒有在等。我只是自己站在這裡享受——在我自己的享受之中（Enjoy myself—in joy in myself）。」

有一些習慣用來否定當下的心智策略，都是普通無意識的一部分。因爲它們如此稀鬆平常，已經變成日常生活的一部分，所以很容易被忽略，其中之一就是那個在背景之中、像靜電干擾一樣的恆常不滿足。但如果你經常練習監督你內在的心智—情緒狀態，當自己又被困在過去或未來之中時，很容易就能發現。所謂被困在過去或未來之中，就是一種無意識。如果經常練習，你也很容易就能從時間的幻夢中覺醒，進入當下時刻。

但要注意的是，那個虛假、不快樂的自我（奠基於心智認同），是依賴時間爲生的。它知道當下時刻就是它的死期，所以備感威脅。這個虛假自我會無所不用其極地把你帶離當下，試圖把你困在時間之中。

在某個觀點上，臨在的狀態可以比喻做等待。臨在是一種不同品質的等待，需要你全然的警覺。任何時刻都可能有某事發生，如果你不是完全地清醒、完全地定靜，就會錯過它。在那種狀態中，你所有的注意力都在當下，沒有做白日夢、思考、回憶和期待的餘地，也沒有緊張和恐懼，只有警覺的臨在。你是用你整個本體、用你全身的每個細胞來臨在。

在那種狀態下，那個有著過去和未來的「你」（你可以稱之為「人格」），幾乎已經不存在了，卻未曾錯失任何有價値的東西。你基本上還是你自己，事實上，你比以前更加完整地成爲自己——或是應該說，你現在才眞正地成爲自己。

## 過去無法在你的臨在中生存

不管無意識的過去當中有什麼是你必須知道的，目前生活上的挑戰都會把它們帶出來。如果你試圖探究過去，它會成爲一個無底洞，永遠探究不完。也許你認爲你需要更多時間去了解過去或從中解脫，換句話說，你認爲未來終究會將你從過去之中釋放出來——這是一個幻覺。只有當下才能將你從過去釋放，更多的時間不會讓你從時間之中解脫。

取用當下的力量——這是關鍵。當下的力量就是你臨在的力量，就是你那從思考模式中解脫出來的意識。所以，要在當下的層次中解決過去的事。你愈是關注過去，就賦予它更多能量，然後你很可能就會從中製造一個「自我」出來。

你可別誤解了：注意力是很關鍵的，但不是要放在過去，而是要放在當下。注意自己此時此刻的行爲、反應、心情、思想、情緒、恐懼，還有欲望，這些都是你內在的過去。如果能保持足夠的臨在來觀察這些事物，不批評、不分析，公正無私地看待它們，那你就是在運用臨在的力量處理過去，並瓦解它。

你無法經由回到過去而找到自己，只有進入當下，才能遇見自己。

# 第五章　美麗在你臨在的定靜中升起

我們需要臨在，才能感受到大自然的美麗、壯觀和神聖。你是否曾在一個清朗的夜晚，凝視夜空的無限，對它絕對的寂靜和不可思議的廣大無垠感到無比敬畏？你是否曾經聆聽，眞正地聆聽森林裡山澗的聲音？或是在寂靜的夏日黃昏聆聽一隻黑鳥的歌聲？

想對這些事情有所覺知，心智就必須定靜。你必須把個人問題、過去和未來的包袱，以及所有的知識暫時放下來，否則你會視而不見、聽而不聞。你全然的臨在是必要的。

而在這些外相的美麗之外，有更多無以名之、無法形容的東西，一些深沉、內在、神聖的本質。無論何時何地，只要有美麗存在，這個內在本質就會閃耀出來。而只有當你臨在的時候，它才對你展露。

那麼，你的臨在是否有可能和這個無以名之的本質是合一且相同的呢？

沒有你的臨在，它還會存在嗎？

深入它，自己去找出答案。

## 了解純粹意識

當你觀察心智時，就把意識從心智的形相中抽離了，然後撤離的意識就變成所謂的觀察者或見證者。這樣一來，觀察者——超越形相的純粹意識——就變得更強，而心智構造就變弱了。

當我們談到觀察心智時，其實是把一個深具宇宙意義的事件個人化了：經由你，意識從與形相認同的迷夢中覺醒，並從形相中撤離。這個覺醒預示了（甚至已經是其中的一部分）一件從時間演進的歷史來看，可能還很久遠的大事，這件大事被稱爲：世界末日。

**在每日生活中保持臨在**，這樣做可以幫助你在內在深深地扎根；要不然，有著不可思議動能的心智，就會像一條狂奔的大河一樣拽著你往前走。

這也意味著你要完全進駐你的身體，始終把一部分注意力放在你內在身體的能量場之內，也就是說：要從內在感受你的身體。對身體的覺知會讓你保持臨在，讓你安住於當下。

你可以看見和碰觸到的身體無法帶你進入本體。這個看得見的有形身體只是一個外在軀殼，或者可以說，它是對更深實相的一個有限、扭曲的觀點。在與本體連結的自然狀態下，每一刻你都可以透過無形的內在身體，也就是你內在鮮活無比的臨在，去感受這個更深的實相。所以說，「進駐你的身體」就是從內在去感受身體，感受身體內的生命，因而了解你是超越外在形相的。

如果你的心智占據了你所有的注意力，你與本體之間的連結就被切斷了。當這種狀況發生時，你就不在你的身體裡面——對很多人來說，這種狀況不斷發生。心智吸走你所有的意識，然後將它轉化成腦袋裡的東西，你因而無法停止思考。

爲了覺察到本體，你必須從心智當中收回意識，這是你靈修旅途中最重要的一件事。這樣可以把先前困在無用的強迫思考中的大量意識釋放出來。有個簡單的方法可以有效做到這點：把注意力的焦點從思考中收回，導入身體之中。因爲當你收回意識時，在你的身體之內，本體就能以無形能量場的方式被感受到，而這個無形能量場是你肉體生命力的來源。

## 與內在身體連結

現在就請試試看。一開始做這個練習時，閉上眼睛比較有幫助；一段時間之後，等到「停留在身體之中」已經變得自然而輕鬆，就不須閉上眼睛了。

**把你的注意力導向身體，從內在去感受它**。你的身體是活生生的嗎？你的雙手、雙臂、兩條腿、兩隻腳，以及腹部和胸腔之中，是否有生命？

你能否感受到一種微妙的能量場遍布全身，並且把鮮活的生命力帶到每個器官、每個細胞之中？你能否同時在身體的所有部分感受到那個單一的能量場？

花幾分鐘關注你內在身體的感受。不要開始思考它，只要感覺。

你愈是關注這種感受，它就會變得更清晰、更強烈。每個細胞感覺上好像都變得更有活力，而如果你視覺觀想能力很強，也許還會看到你整個身體變得透明光亮。雖然這樣的視像可以暫時幫助你，但請把更多注意力放在感受上，而不是出現的任何視像。一個視像，無論多麼美麗或有力，都已經被形相限定了，所以你深入的程度也會受限。

## 更深地進入身體

試試看下面這個靜坐冥想，可以讓你更深地進入身體。十到十五分的鐘錶時間就已足夠。

**首先要確定不會有任何讓你分心的外在事物**，例如電話鈴聲或其他人的干擾。然後坐在椅子上，但不要往後靠，而是讓脊柱挺直，這樣可以幫助你保持警覺。或者，你也可以選擇自己最喜歡的冥想姿勢。

確認身體非常放鬆。然後閉上眼睛，做幾次深呼吸，感覺自己吸氣到下腹部。觀察你的下腹部是如何隨著一呼一吸而微微地擴張和緊縮。

然後覺察整個身體的內在能量場——不是去想，而是去感覺。這樣你就從心智當中收回了意識。你也可以試試前面提過的讓身體透明發亮的觀想——如果你覺得有幫助。

當你能夠清晰地覺察到自己的內在身體是個單一的能量場時，如果可能，放下任何視覺影像，完全聚焦在感受上。而如果可以，也試著放下你對自己肉體還存有的任何心理印象。那麼，現在僅存的就是臨在或本體那種無所不容的感受，而內在身體感覺就像沒有任何界限一樣。

然後，把你的注意力更深地帶入那個感受之中，與它合一，與能量場融合。這樣一來，介於觀者與被觀者、你和你的身體之間的二元對立就不存在了。內在和外在的分界也在此刻消融，於是內在身體就不存在了。藉著更深地進入身體，你超越了你的身體。

只要你覺得舒服，在這個純粹本體的範疇中停留愈久愈好。然後再把覺知帶回你的身體、你的呼吸、你的肉體覺受，並且張開眼睛。花幾分鐘用冥想的方式環顧四周。所謂冥想的方式，就是不在心裡爲事物貼上標籤。這樣做的時候，還是繼續地感覺你的內在身體。

能夠進入那個無形無相的範疇，是眞正的解脫，它將你從形相和認同形相的桎梏之中解脫。我們可以稱那種狀態爲「未顯化的」、萬事萬物的無形源頭、所有存在的本體。它是深沉寂靜和平安的場域，卻也充滿喜悅和強烈的活力。每當你臨在，在某種程度上你就對光變得「透明」——所謂光，就是從這個源頭散發出來的純粹意識。你也會了解到，這個光與你的本質（who you are）無法分離，並且組成了你的本質。

當你的意識被導向外在，心智和有形的世界就油然而生；若導向內在，它就領悟到自己的源頭，回到未顯化的狀態，那裡是它的家。

然後，當意識又回到顯化的世界，你會重新採取剛剛暫時擺脫的形式認同。你有一個名字、一個過去、一個生命的情境、一個未來，但在某個重要層面上，你已經不是原來那個人了：你會在自己的內在瞥見一個實相，這個實相不是屬世的，但它與這個俗世不可分，就像它和你也不可分一樣。

現在，把下面這個方法當成你的靈性修持：

**在日常生活中，不要把百分之百的注意力都放在外面的世界和你的心智當中**，保留一部分在自己的內在。

從事每日例行活動時，特別是在人際互動和與大自然的連繫中，隨時感受自己的內在身體。感受它內在深層的那份定靜，讓進入本體的大門保持敞開。

在你的生活中，隨時隨地都可以意識到未顯化的狀態。無論外在發生什麼事，你都可以感受到背景之中那份深深的平安感，一份永遠不會離開你的定靜。你成為已顯化和未顯化之間，以及神和這個世界之間的橋梁。

這就是我們所謂的開悟——與源頭連結的狀態。

## 深深地根植內在

關鍵在於要與你的內在身體恆常連結——隨時隨地都能感受到它，這將會快速深化且轉化你的生命。你將愈多意識導入內在身體，它的振動頻率就會愈高，就像你把調光開關愈轉愈大，燈就會愈亮，因爲通過燈的電流增加了。在這個較高的能量層次，負面性不再影響你，而且你也會吸引能夠反映這種較高頻率的外在情境。

如果你盡可能把注意力放在身體內部，你就可以安住於當下，而不會在外在世界、在心智中迷失自己。思想和情緒、恐懼和欲望也許或多或少還會存在，但它們再也無法掌控你了。

**此刻，請檢查一下你的注意力是在何處**。你可能正在聽我說，或者你正從一本書上讀到這段文字，而這就是你目前注意的焦點。你約略會察覺到周遭的環境和其他人等等，再者，也許你正在傾聽或閱讀的同時，也會有一些以心理評論的方式出現的心智活動。

但是，不需要讓以上這些活動吸走你全副的注意力。看看你能否在此同時接觸你的內在身體，將一部分注意力留在內在，別讓它全部流向外在。從內部去感受你的整個身體，感覺它是個單一的能量場，這就好像你是用整個身體在傾聽或閱讀一樣。在接下來的幾天和幾個星期，好好練習這個方法。

別把你所有的注意力投入心智和外在世界。全力聚焦於你正在做的事情上，但同時要盡可能地覺察內在身體。保持根植內在，然後觀察這樣做會如何改變你的意識狀態，以及你所做事情的品質。

不要盲目地聽信或拒絕我所說的，請自己去試驗看看。

## 強化免疫系統

當你覺得需要增強自己的免疫系統時，你可以做一個簡單卻極有效的自我療癒冥想。如果你在剛開始感覺到生病徵兆時就做的話，會格外有效。但如果已經生病了，只要你極度專注地多做幾次，也同樣有效。它也可以修補你能量場因爲某種負面形式而導致的損壞。

但是，這個冥想無法取代隨時進駐身體的練習，如果只單獨做這個冥想，效果會很短暫。以下就是這個方法：

**當你有幾分鐘空檔，尤其是晚上入睡和清早起床前，用意識來「澆灌」你的身體**：閉上眼睛，平躺下來。一開始短暫地將注意力放在身體的不同部位——雙手、雙腳、手臂、雙腿、腹部、胸膛、頭部等等，盡可能感受這些部位之內的生命能量，愈深刻愈好。在每個部位停留大約十五秒。

然後，將你的注意力從腳到頭，再從頭到腳，像浪潮一樣來回流遍全身幾次，大約只需要一分鐘。接下來，再感受內在身體的整體性，感覺它是個單一的能量場。在這種感覺之中停留幾分鐘。

整個過程中要保持全然地臨在，臨在於身體的每個細胞當中。

如果你的心智偶爾成功地把你的注意力帶出身體，而讓你迷失在一些思緒中，也不要擔心。一旦覺察這種情形，只要把注意力轉回內在身體就好。

## 有創意地應用心智

如果你為了特定目的而必須使用心智，就在與內在身體連結的狀態下使用它。唯有能夠有意識而無思想，你才可能有創意地使用心智。而最容易進入這種狀態的方法，就是透過身體。

**每當需要一個答案、一個解決方案，或一個創意時，停止思考一會兒**，並把注意力放在你內在的能量場，覺察那份內在的定靜。當你重新開始思考，你的思考就會變得鮮活而有創意。進行任何思維活動時，養成習慣隔幾分鐘就在思考和內在定靜（傾聽內在）之間來回遊走。

我們可以這樣說：不要光用腦袋，而是要用你的全身來思考。

## 讓呼吸帶你進入身體之中

每當你覺得很難連結內在身體時，通常先專注在呼吸上會比較容易。有意識的呼吸本身就是一個強有力的冥想方式，它會逐漸將你與內在身體連繫上。

**讓注意力隨著呼吸流進、流出你的身體**。把呼吸帶入身體之中，感受你的腹部隨著吸氣和呼氣而微微地擴張和收縮。

如果觀想對你來說很容易，你可以閉上眼睛，觀想自己被光環繞，或是浸潤在透亮的物質之中——意識之海。然後把那個光吸進來，感受那個透亮的物質充滿你的身體，讓你的身體也變得透亮。

然後慢慢地更專注在感受上面，而不要執著於任何視覺影像。你現在就在身體之內，你已經取用了當下的力量。

# 第二部　把親密關係當成靈性修持

愛是本體的一種狀態。
你的愛不假外求，它深植於你的內在。
你無法失去它，它也不會離開你。
它無須依附他人，也無須依附其他外在形式。

# 第六章　瓦解痛苦之身

人類絕大多數的苦難都是不必要的。它們是自己創造出來的，因爲未受觀測的心智（unobserved mind）在掌控你的人生。你現在所創造的痛苦，總是來自對當下如是（what is）某種形式的不接受、某種形式的無意識抗拒。

在思想的層次，抗拒是某種形式的批判；在情緒的層次，它是某種形式的負面性。痛苦的強度取決於抗拒當下時刻的程度，而抗拒當下的程度又取決於你與心智認同的程度，因爲心智總是企圖否定當下，並從中逃離。

換句話說，你愈是認同自己的心智，就愈是受苦。或者可以這樣說：你愈是可以尊重並接納當下，就愈能從痛苦和受害之中解放出來，也就是從小我的心智中解脫。

有些靈性教導指出所有的痛苦最終都是幻相，這是眞的。問題是：這對你來說是眞的嗎？單憑信念並不能使它成眞。你是否願意一輩子都在經歷痛苦，然後不停地告訴自己它只是幻相？這樣做就能讓你從痛苦中解脫嗎？我們在這裡關心的是你如何才能實踐眞理——也就是說，在你個人經驗中驗證「所有痛苦最終是幻相」這件事是眞的。

只要你與心智認同，痛苦就無可避免。也就是說，只要你是無意識的（從靈性的角度來說），你就無法避開痛苦。我在這裡主要指的是情緒上的痛苦，這也是肉體痛苦和疾病的主要成因。怨懟、仇恨、自憐、愧疚、憤怒、沮喪、嫉妒等等，即使是最輕微的煩躁，都是各種不同形式的痛苦。每一種歡愉或情緒性的快感都隱含了痛苦的種子：與它不可分割的對立面，而這個對立面遲早會顯化出來。

任何曾經嘗試用藥物得到「快感」（high）的人都知道，那份「快感」最終會變成「消沉」（low），歡愉會變成某種形式的痛苦。很多人也從自身經驗得知，一份親密關係是多麼容易又快速地從歡樂之源轉爲痛苦之源。從一個更高的角度來看，正負兩極其實是銅板的兩面，也都是我們每個人底層痛苦的一部分，而這個底層的痛苦與認同心智的小我意識狀態密不可分。

你的痛苦有兩個層次：你現在所創造的痛苦，以及還存活在你心智和身體裡的過往舊痛。

只要你無法取用當下的力量，每一個你經歷的情緒痛苦都會殘留一份，繼續在你之內存活。它會與過去殘留下來、已然存在的舊痛合併，長住在你的心智和身體之內。當然，這包括了你童年時期所受的痛苦，這是你所誕生的這個世界的無意識造成的。

這個累積的痛苦形成了一個占據你身體和心智的負面能量場。如果你把它視爲一個看不見的實體，就離眞相不遠了。它就是情緒的痛苦之身。

痛苦之身有兩個存在的模式：靜止的和活躍的。它可能百分之九十以上的時間都是靜止的，但在一個極度不快樂的人之中，痛苦之身可能百分之百的時間都是活躍的。有人幾乎完全經由他們的痛苦之身過活，也有人只會在某種特定狀況，例如在親密關係之中，或是在與過去的失落或遺棄、身體或情緒創傷等有關的狀況中，才會經歷到痛苦之身。

任何事都可能觸發痛苦之身，特別是當事情與你過去的痛苦模式呼應的時候。當痛苦之身準備好要從靜止狀態中甦醒時，即使一個念頭或身邊人一句無心之言都可能觸動它。

## 解除對痛苦之身的認同

**痛苦之身最怕你直接觀察它**，並看出它的眞面目。當你去觀察自己的痛苦之身，感受到它在你之內的能量場，並把你的注意力轉入它時，那份認同就會瓦解。

然後，一個更高向度的意識會進來，我稱之爲臨在。你現在是痛苦之身的目擊者或觀察者了。這意味著它無法再藉由假裝是你而利用你，同時也無法透過你而爲它自己添薪加柴。你已經找到自己最深處的力量。

有些痛苦之身會像個哭鬧不休的孩子一樣，非常令人討厭，但相對來說比較無害。有些痛苦之身是很邪惡且具有破壞性的怪物——眞正的惡魔。有些具有肢體暴力傾向，但更多是情緒的暴力。有些會攻擊你周圍或與你親近的人，有些則會攻擊你，也就是它們的宿主。在遭受痛苦之身攻擊時，你對於自己生命的想法和感受就會變得極度負面，且自我毀滅。疾病和意外常常是這樣產生的。有些痛苦之身還會驅使它們的宿主去自殺。

有時你以爲很了解某人，但突然之間，你面對的卻是一隻陌生、討厭的怪物。這種情形第一次出現時，你可能會受到很大的驚嚇。然而，在自己之內觀察到痛苦之身，比在人家身上看到來得重要。

**注意自己內在任何不快樂的跡象**，無論何種形式——這很可能就是正在甦醒的痛苦之身。它會以各種形式表現：惱怒、不耐煩、陰沉的心情、傷害別人的欲望、憤怒、暴怒、沮喪，或是在人際關係中製造戲碼的衝動等等。在痛苦之身正要從靜止期甦醒的那一刻，就要馬上逮住它。

就像每個存在的實體一樣，痛苦之身也想繼續生存，然而它只能藉由你無意識地認同它才能存活。當你這麼做的時候，痛苦之身就揚升了，掌控你，成爲你，然後經由你而存活。

痛苦之身需要透過你獲取「食物」。它以任何與它特定頻率共振的經驗、任何可以進一步製造痛苦的事物爲食，無論是何種形式：憤怒、破壞、仇恨、悲傷、情緒戲碼、暴力，甚至疾病。當痛苦之身掌控你之後，就會在你的生活中製造一個情境，反映出它的能量頻率，好餵養它自己。痛苦只能以痛苦爲食，無法享用喜悅，喜悅對它來說難以消化。

一旦痛苦之身掌控了你，你就想要更多痛苦。你會成爲受害者或迫害者。你不是想要加諸痛苦在他人身上，就是想要受苦，或兩者皆是——這兩者其實沒有太大差別。當然，你完全沒有意識到這一點，而且會極力聲稱自己並不想要痛苦。但如果仔細觀察，你會發現你的思考和行爲都是在讓自己和他人持續受苦。如果你眞的意識到這一點，這個模式就會瓦解，因爲想要更多痛苦的行爲是瘋狂的，而沒有人會有意識地做出瘋狂的行爲。

痛苦之身是小我投射的黑色陰影，它其實很害怕你的意識之光，很害怕被逮到。痛苦之身的存活取決於你無意識地與它認同，還有你無意識地害怕去面對在自己之內存活的痛苦。但如果你不面對痛苦、不把意識之光帶入痛苦中，你就會被迫一而再、再而三地經歷痛苦。

痛苦之身對你來說也許像個危險的怪物，你甚至不敢正視它，但我可以保證，它只是一個脆弱的幻影，無法對抗你臨在的力量。

**當你成爲觀察者並開始解除認同時，痛苦之身還是會運作一段時間**，而且會試著拐騙你再度與它認同。雖然你不再經由認同而賦予它能量了，痛苦之身還是有一定的動能可以維持一段時間的運作，就像一個旋轉的車輪，就算失去動力，還會持續轉一陣子才會停下來。在這個階段，它也許還會造成一些身體不同部位的疼痛和不適，但是不會持續太久。

保持臨在，保持有意識，時時警覺地守護自己的內在空間。你必須有足夠的臨在才能直接觀察到痛苦之身，並感受它的能量，這樣它就無法控制你的思想了。

一旦你的思維方式和痛苦之身的能量場一致，你就會與它認同，並且再度用你的思想來餵養它。比方說，如果憤怒是你痛苦之身主要的能量振動頻率，而你有一些憤怒的念頭，老是想著別人對你做了什麼或你將對他做些什麼，那麼你已經進入無意識狀態，痛苦之身已經變成「你」了。所以每當憤怒產生，底下都埋藏了痛苦。

或者當一個憂鬱的情緒來臨時，你開始進入負面的思維模式，覺得你的生活糟透了，這時你的思考已經與痛苦之身一致，對痛苦之身的攻擊就會變得渾然不覺且脆弱不堪。

我在這裡所說的「無意識」，指的是認同於某種心理或情緒上的模式。它意味著觀察者完全缺席。

## 將受苦轉化為意識

持續且有意識的關注，可以切斷痛苦之身和你思考過程的連結，進而促成轉化。這就好像痛苦成了你意識火焰的燃料，因此讓意識之火燃燒得更加旺盛。

這是古代煉金術的奧祕：賤金屬轉化成黃金，受苦轉化爲意識。內在的分裂被療癒，你再度變得完整。在此之後，你的責任就是不再製造更多痛苦。

**將注意力聚集在你內在的感受上**，認出那就是痛苦之身，並接受它存在的事實。不要思考它——別讓感受變成思考，不要批判或分析，不要從痛苦之身尋找你的身分認同（自我感）。保持臨在，持續地觀察在你之內發生的事。

你不但要覺察情緒的痛苦，也要覺知到那個觀察者——靜默的旁觀者。這就是當下的力量，你自身意識臨在的力量。接下來就靜觀其變了。

## 小我對痛苦之身的認同

我剛才描述的過程可以說是強而有力且影響深遠，但卻非常簡單，連孩子都可以學，希望有一天這會成爲孩子在學校裡學到的前幾件事之一。一旦你透過自身經驗了解到保持臨在的基本原理（臨在就是去觀察內在發生的事），你就擁有最強大的轉化工具，可以運用自如了。

這並不是要否認你可能遭遇到強烈的內在抗拒——抗拒從你的痛苦中撤離。特別是如果你大半生都密切認同你情緒的痛苦之身，而且投注了全部或大部分的自我感在其中的話，這種抗拒就會發生。這意味著你從痛苦之身製造了一個不快樂的自己，並且相信這個心智建構出來的幻相就是眞正的你（who you are）。在這種情況下，無意識地害怕失去自己的身分認同會創造出強烈的抗拒，抗拒撤離這份認同。換句話說，你寧可停留在痛苦中——成爲痛苦之身——也不願冒著失去熟悉的、不快樂的自己的風險，縱身投入未知。

**觀察你內在的抗拒，觀察自己對痛苦的執著**，保持高度警覺。觀察你從不快樂當中衍生出來的奇特樂趣，觀察你想要談論或思考它的強迫性衝動。如果你意識到它，這份抗拒就會消失。

接下來，你才能把注意力帶入痛苦之身，在那兒以觀察者的身分臨在，因而啟動了痛苦之身的轉化過程。

能這麼做的只有你自己，沒有其他人可以代勞。但如果你夠幸運，找到高度有意識的人，而且跟他們在一起，加入他們的臨在狀態，會非常有幫助，而且會加速轉化過程。這樣一來，你的意識之光就會快速增長茁壯。

當一塊剛要開始燃燒的木柴與正在熾熱燃燒的木柴放在一起，過一會兒即使它們再度分開，第一塊木柴會燒得比之前更厲害，畢竟火是一樣的。靈性老師的功用之一就是做這塊熾熱燃燒的木柴。有些心理治療師也可以盡到同樣功能，只要他們在治療的時候，能夠超越心智層次，並創造、維持高度的意識臨在狀態。

首先要記住的是：只要你從痛苦之中製造自己的身分認同，就無法從痛苦中解脫；只要你把部分的自我感投注到情緒的痛苦之中，就會無意識地抗拒或破壞任何治癒那個傷痛的企圖。

爲什麼呢？很簡單，因爲痛苦已經成爲你的主要部分了，而你想要讓自己保持完整。這是個無意識的過程，唯一可以克服的方法就是意識到這個過程。

## 你臨在的力量

突然間發現自己一直執著於自己的痛苦，這份了悟可能相當令人驚訝。但在你了悟的那一刻，就已經打破那份執著了。

痛苦之身是一個能量場，幾乎像個實體，暫時居住在你的內在空間中。它是被困住的生命能量，已經停止流動了。

當然，痛苦之身是因過去發生的一些事情而存在，它是存活在你之內的過去，而如果你認同它，就是認同過去。一個受害者的身分認同就是相信過去比當下更有力，但這與事實相反。你相信其他人以及他們對你所做的事，應該爲你現在的樣貌負責，也該爲你的情緒痛苦或你無法成爲眞正的自己負責。

事實上，唯一存在的力量，是隱含在當下這一刻的——就是你臨在的力量。一旦了解這點，你也會了解到你要爲此刻的內在空間負責——這不是其他人的責任——而過去永遠無法戰勝當下的力量。

無意識創造了痛苦之身，而意識將它轉化成意識本身。聖保羅曾優美地表達了這個宇宙眞理：「在光芒照耀下，萬物無所遁形；而在光中顯現出來的，都將成爲光。」

正如同你無法與黑暗抗爭，你也無法與痛苦之身戰鬥，試圖這麼做只會創造內在衝突，也會帶來更多痛苦。只要觀察它就夠了，「觀察」意味著在當下那一刻，視痛苦之身爲當下本然的一部分，並接納它。

# 第七章　從上癮關係到開悟關係

## 愛恨交織的親密關係

除非你能夠接觸到臨在的意識頻率，否則所有的關係，尤其是親密關係，都是有瑕疵且最終會功能失調的。也許有段時間看起來很圓滿（當你沐浴在愛河時），但是當爭執、衝突、不滿，以及情緒甚至肢體上的暴力衝突發生的頻率逐漸增加，看起來很完美的關係最終一定會遭到破壞。

大多數「愛的關係」，不久之後似乎都會變成愛恨交織。愛可能在轉瞬間變成粗魯的攻擊，彼此充滿敵意，或是冷漠以對。這種現象很常見。

如果你在親密關係中同時經歷到愛，以及愛的對立面——攻擊、情緒暴力等等——那麼你很可能就是把愛跟小我的執著及癮頭混爲一談了。你不可能這一刻還深愛著你的伴侶，下一刻馬上對他（或她）展開攻擊。眞正的愛沒有對立面，如果你的「愛」有對立面，那就不是愛，而是小我對更完整、更深層的自我感的強烈需求，而你的伴侶可能暫時可以滿足這份需求。你的愛是小我用來代替救贖的一種手段，而在短時間內，它的確看起來像救贖。

但是有一天，你伴侶的某些行爲會無法滿足你的需求——也就是你小我的需求，而小我意識中固有的一些感受，如恐懼、痛苦及匱乏，原本暫時被「愛的關係」遮蓋住，此刻會全部浮現。

就像所有上癮症一樣，用藥時你會有快感，但終究有一天，連藥物也不管用了。

當那些被暫時遮蓋住的痛苦感覺再度浮現，你的感受會比以前更強烈；不但如此，你還會把你的伴侶當做造成這些感覺的罪魁禍首，也就是說你會把這些感覺向外投射，並且用野蠻的暴力攻擊對方，而這種野蠻的暴力原本就是你痛苦的一部分。

這種攻擊可能會觸動你伴侶原有的傷痛，對方會立刻還以顏色。此時，小我還是無意識地希望它的攻擊或操控對方的企圖能夠讓對方知道厲害，因而改變行爲。如果伴侶的行爲眞的改變了，那麼小我又可以用你們之間的關係來遮蓋傷痛。

如果你無意識地拒絕面對或經歷自己的痛苦，上癮症就出現了。而所有上癮症都是以痛苦開場，也以痛苦收尾。無論讓你上癮的是什麼——酒精、食物、合法或非法的藥物，或是某個人——你都在利用它們遮蓋自己的痛苦。

這就是爲什麼一旦最初的蜜月期結束之後，親密關係中會出現那麼多的不快樂和痛苦。親密關係不會導致痛苦和不快樂，只會帶出你內在原有的痛苦和不快樂。所有的上癮症都是如此。當上癮症到了無法再滿足你的地步，你所感受到的痛苦會比以往更強烈。

而這也是爲什麼大多數人都試圖逃離當下，而在未來尋找救贖的原因之一。如果他們把注意力放在當下，就得立刻面對自己的痛苦，而這正是他們所害怕的。眞希望他們明白，在當下汲取臨在的力量來瓦解過去和過去的傷痛（因爲眞相可以瓦解幻相），有多麼容易。也但願他們知道，他們與自己的實相，也就是與神，有多麼接近。

爲了避免痛苦而放棄擁有親密關係也不是解決之道，因爲痛苦無所不在。三年內經歷三次失敗的關係，和把自己困在荒島或關在房裡三年相比，前者更容易把你帶向覺醒。不過如果你獨處時可以保持高度的臨在，效果可能也差不多。

## 從上癮關係到開悟關係

**無論你是獨居或與伴侶同居，下面這點都是關鍵：把你的注意力更深地帶入當下，讓自己臨在，並強化它。**

爲了讓愛成長茁壯，你的臨在之光必須夠強，才能不被那個思考者或痛苦之身控制，進而誤以爲它們就是你。

所謂自由、救贖和開悟，就是知道你自己是思考者之下的本體、心智噪音下的定靜，以及痛苦之下的愛和喜悅。

解除對痛苦之身的認同，就是將臨在帶入痛苦之中，因而轉化它。解除對思考的認同，就是靜默地觀察自己的思想和行爲——特別是那些重複的心智模式，以及小我扮演的角色。

如果你不再投注自我感在心智之中，它就失去了強迫性的特質，而所謂的強迫性就是無法停止批判，進而抗拒當下本然，並製造衝突、人生戲碼及新的痛苦。事實上，在接納當下本然因而停止批判的那一刻，你就已經從心智中解脫了。你爲愛、喜悅和平安創造了空間。

**首先你先停止批判自己，然後再停止批判你的伴侶**。最能催化關係轉變的因素就是完全接納伴侶此刻的模樣，不以任何方式批判或改變他們。

這樣一來，你就立刻超越了小我。所有的心智遊戲和上癮症到此結束。再也沒有受害者，也沒有迫害者；沒有原告，也沒有被告。

這也是所有共依存現象的終結。所謂共依存就是被扯進他人無意識的模式裡，進而不自覺地助紂爲虐，讓那個模式繼續存活。一旦終結了共依存現象，你們不是會在愛中和平地分手，就是會一同更深入當下，進入本體之中。可能這麼簡單嗎？是的，就是這麼簡單。

愛是本體的一種狀態。你的愛不假外求，它深植於你的內在。你無法失去它，它也不會離開你。它無須依附他人，也無須依附其他外在形式。

**在你臨在的定靜中，你能感受到自己無形無相、無時間性的實相**——就是賦予你肉體生命活力的未顯化生命。然後你就能感受到所有人類和萬物的內在深處，都有著與你相同的生命——你看穿了分離和形相的簾幕。這是對合一的領悟，這就是愛。

但除非你能永久從心智認同中解脫，而且你的臨在強烈到可以瓦解痛苦之身，或者你至少能夠以觀察者的身分保持臨在，否則愛無法茁壯，只可能會有幾次曇花一現。如果你能做得到，那麼痛苦之身就不會掌控你，更不會摧毀愛了。

## 把親密關係當成靈性修持

隨著人類愈來愈認同自己的心智，大部分的關係也無法在本體之中扎根，繼而轉變成痛苦的根源，並且充滿了問題與衝突。

如果你的親密關係強化了小我心智的模式且賦予它更多能量，進而激發痛苦之身，那麼何不接納這個事實，而不要試圖逃脫呢？何不採取合作態度，而不是避開親密關係，或是繼續幻想一個完美伴侶會出現，來解決你所有的問題或讓你感到圓滿？

當你能夠承認並接納這些事實的時候，它們就無法完全控制你了。

比方說，當你覺知到有不和諧的狀況存在，你對這個狀況了然於心。經由你的覺知，一個新的元素就加進來了，而那份不和諧就無法維持不變了。

**當你知道自己不在平安中，你的覺知就創造了一個寧靜的空間，**它以慈愛和溫柔環抱著你的不平安，然後將你的不平安轉化爲平安。

就你內在的轉化而言，你是無法「做」什麼來讓它發生的。你無法自我轉化，當然也不可能轉化你的伴侶或其他任何人。你所能做的就是創造一個轉化的空間，讓轉化得以發生，讓恩典和愛能夠進來。

所以，每當你的關係發生問題，每當它把你和伴侶內在的「瘋狂」帶出來時，你反而應該高興。因爲無意識的東西見光了，這是得到救贖的大好時機。

**每時每刻，都要抱持著對那一刻的「覺知」**，特別是針對自己的內在狀態。如果有怒氣，就要知道自己有怒氣；如果有嫉妒、防衛、爭辯的衝動、需要自己是對的偏執、內在小孩對愛和關注的需求，或是任何情緒上的痛苦——無論是什麼，要覺知到那一刻的實相，並對它了然於心。

如此一來，這份關係就成了你的實修方法——你靈性的修持。如果你在伴侶身上觀察到了無意識的行爲，用你的覺知慈愛地環抱它，你就不會隨之起舞。

無意識和覺知無法長時間並存——即使那份覺知只存在另一個人身上，而不是在那個做出無意識行爲的人之中。在敵意和攻擊背後的能量形式，絕對無法忍受愛的臨在。如果對伴侶的無意識行爲做出反應，你自己也會變成無意識。但如果那個時候你能夠記得要覺察到自己的反應，就不會迷失了。

有史以來，親密關係從來沒有像現在這樣有這麼多問題，且衝突不斷。或許你已經注意到了，親密關係不是爲了讓你開心或滿足而存在的，如果你繼續透過親密關係尋求救贖，你會一而再、再而三地幻滅。但如果你能接受親密關係是爲了讓你更有意識，而不是更快樂的話，那麼這種關係反而可以給你救贖，你會與更高的意識聯合一致，而這更高層的意識就是想藉由你而降臨世界。

至於那些緊抓著舊模式不放的人，他們會感受到更多的痛苦、暴力、混亂和瘋狂。

到底需要多少人才能讓你的生活變成靈性的修持？如果你的伴侶不能配合，不要在意。神志清明——意識——只能藉由你來到這個世界。你不須等到全世界都清醒了，或是等到某人有意識，才能進入開悟狀態。如果要等，你可能會等到天荒地老。

不要彼此責怪對方無意識。一旦開始爭論，你就已經認同某個心理立場，而且不但會護衛這個心理立場，也會護衛你的自我感。這時小我就當家作主了，你便墜入了無意識之中。當然，有時你必須指正伴侶的一些行爲，但如果你夠警覺、夠臨在，就可以在沒有小我干涉的情況下給予伴侶回饋——不帶批評、控訴或責怪。

當你的伴侶做出無意識行爲時，放下所有的批判。批判要不是會把對方的無意識行爲和他的本質混爲一談，就是會把你自己的無意識投射到對方身上，而誤以爲那就是他的本來面貌。

放下批判並不意味著你可以忽視功能失調和無意識，它的意思是要做「那份覺知」，而不是做「那個反應和批判」。如此一來，你要不是完全不起反應，就是雖然反應了，但仍保持覺知，那份覺知就是容許反應存在，並在其中觀察它的那個空間。你不與黑暗抗爭，而是帶進光來；不隨幻相起舞，而是見相非相——看穿了它。

做爲那份覺知，會創造出一個有愛臨在的清晰空間，允許萬事萬物和所有人以他們本來的模樣存在。沒有比這個更能促進轉化的催化劑了。如果照這樣練習，你的伴侶就沒辦法無意識地繼續與你共處。

如果雙方都同意讓這段關係變成靈性的修持，那再好不過了。當各種想法和感覺一產生，或是一個反應起來的時候，你們可以馬上向對方表明，這樣就不會創造時間差，讓未被表達或認可的情緒或怨氣有機會滋長。

**學習不帶責怪地表達自己的感受**，也學習以開放、不防衛的方式傾聽你的伴侶。

給你的伴侶一個表達自己的空間，並保持臨在。這樣一來，控訴、防衛、攻擊——所有這些用來強化或保護小我，或是滿足它需求的模式，就會變得多餘。爲他人留些餘地——也爲自己留些空間——是很重要的。沒有空間，愛就無法滋長。

當兩個破壞親密關係的要素被移除——也就是說，當痛苦之身被轉化，而你也不再認同心智和心理立場了——如果你的伴侶也這麼做的話，你就會經歷到親密關係如花綻放的狂喜。你們不再反映彼此的痛苦和無意識，也不再塡補彼此上癮般的小我需求，反而會把自己內在深處感受到的那份愛反映給對方，那份愛伴隨著一份領悟：領悟到自己與萬事萬物合一。

這就是沒有對立面的愛。

如果你的伴侶還是與心智和痛苦之身認同，你卻已經解脫了，這將會是一個重大的挑戰——不是對你，而是對你的伴侶而言。跟一個開悟的人一起生活並不容易，或者應該說，他的小我會覺得受到極大的威脅。

記住這一點：小我需要問題、衝突及「敵人」來強化分離感，它的身分依靠的就是這個分離感。跟開悟的伴侶在一起時，未開悟那一方的心智會覺得非常氣餒，因爲它固定的心理立場不會遭到抗拒，也就是說，這些立場將會變得搖搖欲墜而脆弱，甚至還有崩潰瓦解的危險，最後導致自我的喪失。

痛苦之身要求回饋卻得不到，它對爭辯、戲碼和衝突的需求就無法得到滿足。

## 放棄與自己的關係

你不是男人就是女人，因此在形相身分的層面來說，你是不完整的，這跟有沒有開悟無關。你是整體的一半而已，而這份不完整感促成了男女之間的吸引力，也就是異性能量相吸的引力，無論你多麼有意識，都會感覺得到。但在與內在連結的狀態下，你只會粗淺地在生活中感受到這種引力。

這並不是說你不會與他人或你的伴侶有較深的連結。事實上，唯有意識到本體，你才能與他人有更深的連結。源自本體，你就能夠穿越形相的帷幕，而聚焦在對方的本質上。而在本體之中，男性和女性是合一的。你的表層形相或許還是有些需求，本體卻無所求，因爲它本身已經全然完整了。如果這些需求被滿足了，很好，但是它們滿足與否對你深層的內在狀態而言，無關緊要。

所以對一個開悟的人來說，如果異性相吸的需求沒有被滿足，在外相的層次上他是很有可能感到缺乏或不完整，但同時，他的內在卻會感受到全然地完整、圓滿及平和。

如果你獨處時無法自在，就會尋求一份親密關係來遮掩你的不安。可以確定的是，你的不安會在這份關係中以其他形式重新浮現，到時候你可能會歸咎到你的伴侶身上。

**你眞正需要做的就是全然地接納當下**。這麼一來，你在此時此地就能感到自在，同時也能安然獨處。

但是你眞的需要和自己建立一份關係嗎？你爲什麼不能就是做自

己？當你和自己建立一份關係時，就把自己一分爲二：「我」和「我自己」，主體和受體。這個心智創造的二元對立就是所有不必要的複雜事物，以及所有你生活中問題和衝突的根源。

在開悟的狀態中，你就是你自己——「你」和「你自己」合而爲一。你不會批判自己、不會爲自己感到難過、不會爲自己感到驕傲、不愛自己、不恨自己，以此類推。自我反射意識造成的分裂癒合了，它的詛咒也被解除了。再也沒有一個「自己」需要你去保護、防衛或餵養了。

當你開悟時，你會失去一個關係：你和你自己的關係。一旦你放棄了和自己的關係，你其他所有的關係都將是愛的關係。

# 第三部　接納和臣服

當你臣服於當下本然而全然臨在時，過去就不再有力量，
被心智遮蔽的本體範疇就會再度開啓。
突然之間，你的內在會升起極大的定靜——一種深不可測的平安感。
在那平安之中，有著極大的喜悅；
在那喜悅之中，有著愛；
而在最深處的核心，是神聖的、不可測量的、無以名之的「那個」。

# 第八章　接納當下

## 無常和生命週期

在成功的週期中，事事水到渠成、欣欣向榮；而當事物凋零或瓦解時，就進入了失敗的週期。你必須放下它們，以便騰出空間，讓新的事物可以出現，或是讓轉化得以發生。

如果你緊握不放且抗拒的話，就表示你拒絕順隨生命之流，那麼你就會受苦。消融瓦解是新生命的前奏，週期循環相依相生，缺一不可。

衰退週期（down cycle）對靈性的領悟來說絕對必要。你必須在某個層面上受到重挫，或是經歷一些重大的損失或痛苦，才會被靈性的向度吸引。再不然，就是你的成功讓你感覺空虛、沒有意義，反而讓你受挫，你才會走向靈性。

每個成功之中都蘊藏了失敗的可能，而失敗之中也隱含了成功的契機。在這個世界上，也就是在形相的層面上，每個人當然遲早都會「失敗」，所有的成就最終都會歸零。所有的形相都是無常的。

你還是可以積極參與並享受顯化和創造新形相和情境的過程，但你不會與它們認同。你不須藉由這些形相和情境取得自我感。它們不是你的生命，只是你的生命情境。

一個週期可能是幾個小時，也可能是幾年。在大循環中會有大大小小不等的週期。很多疾病是因爲和低能量週期（cycle of low energy）抗爭而產生，但低能量週期對重建、再生卻是絕對必要。我們總是不由自主地想做些什麼，同時也傾向從外在因素（例如事業成就）中汲取自我價值感和身分認同，但只要你與心智認同，這些都是不可避免的幻相。

不僅如此，這還會使你很難或無法接受低沉周期（low cycle），並允許它們存在。這樣一來，有機體的智慧可能就啓動自我保護機制而創造出疾病，好強迫你停下來，以便展開必要的重建。

只要你的心智判斷某種狀況是「好的」——無論是人際關係、財產、社會角色、地點或你的身體，心智就會執著於它、認同於它。這個狀況讓你快樂，讓你自我感覺良好，還會成爲你身分認同的一部分，或是你認爲的一部分。

但在這個萬物必然衰敗的向度中，沒有事物可以長存。它不是會終結，就是會改變，或者從一個極端擺盪到另一個極端：一個昨天或去年還是「好的」狀況，可能突然或逐漸變成「不好的」；原來讓你快樂的，現在可能讓你不快樂了；今日的繁榮興旺，轉眼成了明日空泛的消費至上主義；而快樂的婚禮和蜜月，轉眼成了不快樂的離婚或勉爲其難的共存。

又或者是一個狀況煙消雲散，而少了它讓你不快樂。當心智執著和認同的一個狀況或情境改變或消失的時候，心智無法接受。它會緊緊抓住這個消逝中的情境不放，而抗拒它的改變，感覺就像你肢體的一部分被活生生地扯下來一樣。

你的快樂和不幸實際上是一體的，只因時間的幻相將它們分開，你才會感覺兩者不同。

**對生命不加抗拒，就是活在一個恩典、自在和輕盈的狀態中。**因此，這個狀態不再需要依賴事物以特定方式存在——無論是好是壞，都無關緊要了。

這看起來似乎很矛盾，但是當你內在對外在形相的依賴消失以後，你生活中的一般狀況，也就是外在形相的層面，會有大幅度的改善。你以前認為能夠帶給你幸福的人、事或情境，現在都毫不費力地手到擒來。而當它們還存在時，你也可以盡情地享受和欣賞它們。

當然，這些事物終究還是會消失，週期會來來去去，但是當依賴消失時，你就沒有失去的恐懼。生命因而隨順自在。

從外在世界這個「二手」源頭所衍生出來的幸福快樂，從來無法深入人心，那只是本體喜悅的微弱反映。本體的喜悅是你進入不抗拒的狀態時，在你內在找到的充滿生命力的平安。本體會帶你超越心智的兩極化，讓你從對外相的依賴當中解脫。即使周遭所有事物都崩裂坍塌了，你還是可以深深地感覺到內在核心的平安。你也許不會快樂，但是你會在平安之中。

## 使用和放下負面性

所有的內在抗拒都會以不同的負面形式被經歷到，所有的負面性都是抗拒。這樣說來，負面性和抗拒幾乎是同義詞。

負面性的範圍很廣，從煩惱、不耐到暴怒，從沮喪的心情、沉鬱的憎恨到自殺的絕望。有時這種抗拒會觸動情緒的痛苦之身，在這種情況下，一個小小的事件可能都會激發很大的負面情緒，例如憤怒、憂鬱或深沉的悲傷。

小我相信它可以透過負面性來操控眞相，因而得償所願。它相信藉由負面性可以招來愉悅的情境，或是瓦解一個令人不悅的狀況。

如果「你」——你的心智——不認爲不快樂是有用的，那爲什麼還要創造不快樂呢？事實上，負面性當然沒有幫助，它不但不會招來愉悅的情境，反而會阻擋它，不讓它出現；它不但不會瓦解令人不悅的狀況，反而會讓這個狀況揮之不去。負面性唯一的「用處」就是強化了小我，這也是爲什麼小我那麼愛它。

一旦你認同某種形式的負面性，你就不想放手，而且在深層的無意識裡，你不想要正面的改變，因爲正面的改變會威脅到那個沮喪、憤怒或受到苛刻待遇的你。因此，你會忽視、否認或破壞你生命中的正向事物。這是很常見的現象，也很瘋狂。

**注意觀察任何植物或動物**，讓它教導你如何接納事物的本然，臣服於當下。

讓它教導你什麼是本體。

讓它教導你什麼是完整性——就是如何成爲一體、如何做自己、如何眞實不虛。

讓它教導你如何生、如何死、如何不讓生死變成問題。

重複出現的負面情緒有時的確包含了某種訊息，就像疾病一樣，迫使你去檢視自己的生命情境，並做一些改變。但是你在工作、人際關係或環境上所做的改變，如果不是來自你意識層次的改變，終究只是表面的。所謂意識層次的改變只意味著一件事：更加地臨在。當到達某種程度的臨在時，你就不需要負面性來告訴你生命情境中需要什麼了。

但只要負面性還是存在，就利用它吧，把它當成一種警訊，提醒自己必須更加臨在。

當你感覺內在出現了負面性，無論那是由於外在因素、某個念頭，甚或是你不知道是什麼的原因而引起的，把它視爲一個提醒自己的聲音：「注意！要專注在此時此地。醒過來！跳脫心智，保持臨在。」

即使最輕微的煩躁都很重要，你需要去察覺並觀察，否則一些未受觀測的反應就會累積下來。

而一旦了解你的內在不需要這個毫無價值的負面能量場，你也許可以就此放下它，但要確定你是完全放下了。如果無法放下，就接納它的存在，並把你的注意力帶到它所引發的感受上。

**除了選擇放下負面反應，你也可以藉由想像自己是透明的，讓造成這個反應的外在因素穿透你**，而讓這個負面反應消失。

我建議你先從小事，甚至微不足道的事開始做練習。比方說，此刻你安靜地坐在家中，突然間，對街傳來刺耳的汽車警報聲，煩躁立刻升起。這個煩躁的目的是什麼？當然什麼也沒有。那你爲什麼創造它？你沒有，是心智創造的。這是完全自動化、完全無意識的反應。

為什麼心智要創造煩躁呢？因為心智無意識地認為它對這個噪音的抗拒（就是你經歷到的負面性或某種形式的不快樂），好像可以瓦解這個令人不快的狀況。這當然是一種錯覺，因為心智所創造的抗拒（在這個例子中就是煩躁或憤怒），比它試圖瓦解的那個最初的肇因要煩人得多。

這些都可以轉化為靈性修持的機會。

在剛剛提到的那個汽車警報聲的例子中，你可以感受自己變成透明的，沒有一個固體的肉身。然後你就允許那個噪音或任何引起你負面反應的因素穿透過你，這樣它就不會在你的內在衝撞到那面堅硬的牆了。

如同我說的，你可以先從小事開始練習，例如汽車警報聲、狗叫聲、小孩哭鬧、交通堵塞等。與其在內在樹立一面堅實的抗拒之牆，讓它總是痛苦地被一些「不應該發生的」事情衝撞、打擊，不如讓所有事物穿透你。

如果有人對你說了一些很沒禮貌或刻意要傷害你的話，與其進入無意識的反應和負面性，如攻擊、防衛或退縮，倒不如讓它正中目標地穿透你，不做任何抗拒，就好像此地無人可被傷害一樣。這就是寬恕。如此一來，你就百害不侵了。

你當然還是可以選擇這麼做：告訴那個人，他的行爲是不被接受的。但是那個人不再有控制你內在狀態的力量，於是你有了自主權，而不再受制於人，也不會被你的心智掌控。無論是汽車警報聲、粗魯的人、洪水、地震或失去你所有的財產，所面臨的抗拒機制都是一樣的。

如果你還在外面尋尋覓覓，無法跳脫這個尋找的模式，並且認爲也許下一個靈修工作坊可以找到解答，也許某個新的法門可以幫你解脫，那麼我要對你說：

**不要尋找平安**，不要尋找你此刻狀態之外的其他任何狀態，否則你會造成內在的衝突及無意識的抗拒。

原諒自己不能處在平安之中。當你完全接受自己無法平安的這個事實，你的不平安就會在那一刻轉化爲平安。任何你全然接納的事物都會這樣——帶你進入平安。這就是臣服的奇蹟。

當你接納事物的本然時，每一刻都是最好的一刻。這就是所謂的開悟。

## 慈悲的本質

超越了心智創造的對立面之後，你就會成爲一座深不可測的湖。

你生命的外在情境（生命中發生的事），就是湖水的表面，隨著週期和季節不同，有時風平浪靜，有時波濤洶湧。然而在湖的最深處，永遠平靜無波。你就是這整座湖，而不只是湖面，你與自己內在的最深處相連，那兒永遠是絕對地寧靜。

你不會在心理上執著某種特定情境而抗拒改變，你內在的平安不依附外在狀況。你安住在不變的、永恆的、永生的本體中，不再依賴詭譎多變的外在形相世界提供你圓滿或快樂。你還是可以享受形相的世界，在其中嬉戲遊玩，創造新的形相，欣賞所有形相之美，但你不須對任何事物產生執著。

如果你沒有覺知到本體，就無法察覺別人的實相，因爲你還未找到自己的實相。你的心智會對其他人的形相有好惡之別，不僅是他們的身體，也包括他們的心智。但只有在覺知到本體的情況下，人與人之間才可能有真摯的關係。

如果從本體出發，你會把他人的身體與心智僅僅當做一個屏幕（它本來就是），在這屏幕之後，你可以感受到他們真正的實相，就像你能感受到自己的一樣。因此，面對其他人的痛苦或無意識的行爲時，你可以保持臨在，並與本體連結，因而能看穿他們的形相，並透過自己的本體，感受到他人光亮和純淨的本體。

在本體的層次，所有受苦都被視爲幻相。受苦是因爲認同形相而起。療癒的奇蹟有時會經由這樣的領悟發生——經由喚醒他人內在的本體意識——如果他們準備好的話。

慈悲就是覺知到你與衆生之間那份深深的連結。下一次你再說「我跟這人沒有一點共通之處」時，要記得你們其實有很多共同點：幾年之後——也許是兩年，也許是七十年，沒什麼差別——你們倆都會化爲枯骨，然後是一抔黃土，最後灰飛煙滅。這是一份清醒且謙卑的領悟，沒有絲毫可驕傲之處。

這是一個負面思想嗎？不，這是一個事實。爲何你對它視而不見？在這個意義上，你和衆生之間是完全平等的。

**最有力量的一個靈性修持，就是深沉地冥想所有物質形相（包括你自己）最終都將面臨的毀滅。**這就是所謂的「在死亡之前就先死了」。

深深地進入這樣的冥想中：你的肉體形相正在瓦解，它不在了。然後下一刻就是所有心智形相或思想的終結。然而你還會在那裡——做爲一個神聖的臨在，光芒四射，全然地覺醒。

凡眞實的必不滅亡，有名、有形的幻相才會消失。

在這個更深的層面上，慈悲變成了最廣義的療癒。在這種狀態中，你的療癒能力主要不是來自你做了什麼，而是來自你的存在。凡是與你接觸的人都會被你的臨在觸動，也會被你散發出來的平安感動，無論他們有沒有意識到。

當你全然臨在，而你周圍的人卻表現出無意識的行爲時，你不會有反應的衝動，所以你也不會賦予他們行爲任何的眞實性。你的平安是如此廣大深遠，任何不平安的事物都會消融在其中，好像從未存在過一樣。這就打破了行動和反應之間的業力循環。

動物、樹木、花朵都會感受到你的平安而有所回應。你透過你的存在、透過展現神的平安，而教化萬物。

你成爲「世界的光」，散發純粹的意識，進而在「因」的層面消除了苦難的源頭。你殲滅了這個世界的無意識。

## 臣服的智慧

你會經歷到什麼樣的未來，主要取決於當下這一刻的意識品質，所以，臣服是引發正面改變最重要的一件事。你所採取的任何行動都是次要的，真正的正面行動是不會在不臣服的意識狀態中升起的。

對某些人來說，臣服可能有些負面意義，暗示著挫敗、放棄、無法承受生活中的挑戰、變得被動遲緩等等。然而，真正的臣服與上述狀況截然不同。它並不是指要被動地忍受你所在的每個情境，什麼都不做，也不意味著要停止計畫，或是不採取正面行動。

**臣服是簡單卻影響深遠的智慧——順隨生命之流，而不是逆流而上。**你唯一可以體驗生命之流的時刻就在當下，所以臣服就是無條件地、毫無保留地接納當下時刻。

它是放下對事物本然的內在抗拒。

內在抗拒就是透過心理批判和負面情緒，對事物本然說「不」──當事情出差錯時，這種情形尤其明顯。所謂「出差錯」，就是你心智的要求或嚴苛的期望，與本然之間有了差距。這就是令人痛苦的差距。

如果你活得夠久，就知道事情總是一天到晚會出差錯。如果你想要把痛苦和悲傷從生活中排除的話，在事情出差錯的時候更是需要練習臣服。接納本然會立刻把你從心智認同中釋放出來，因而讓你重新與本體連結。抗拒就是心智。

臣服是一個純粹的內在現象，它並不表示你不能在外在層面採取行動，並改變現況。

事實上，當你臣服時，你需要接納的並不是那個整體情境，而是那個叫「當下」的微小片段。比方說，如果你深陷泥沼之中，你不會說：「好吧，我認命，就這樣困在泥巴中吧。」放棄不是臣服。

**你不須接納一個令人不快的生命情境，也不須欺騙自己說這樣沒什麼不好**。你可以全心全意地承認你想離開這個情境，然後就把注意力集中在當下時刻，而不要以任何方式爲它貼上心理標籤。

這意味著對當下沒有任何批判，因而沒有抗拒、沒有負面情緒。你接受了當下這一刻的「如是」。

然後你就可以採取行動，盡你所能讓自己離開那個情境。

我稱這樣的行動是正向行爲，它比來自憤怒、絕望或挫敗的負向行爲有效得多。在你達到自己想要的成果之前，要持續地透過不爲當下貼標籤，來練習臣服。

我用一個視覺化的比喻來說明我的觀點。

深夜裡，你走在一條小徑上，被濃霧所圍繞。但是你有一個強力手電筒，它的光穿透濃霧，在你前方創造了一個窄小而明亮的空間。這裡的濃霧就是你的生命情境，包含了過去和未來；手電筒則是你有意識的臨在；而明亮的空間就是當下。

不臣服會讓你的心理形相（也就是你小我的外殼）更加頑強，因而創造了強烈的分離感。你周圍的世界，尤其是周圍的人，就會被視爲威脅，然後無意識地想要藉由批判而毀滅他人的衝動就會升起，競爭和操控的需求也出現了。甚至大自然都會變成你的敵人，而你闡釋和理解事物的觀點也會被恐懼所主宰。我們稱爲妄想症的心理疾病，只是這種常見卻功能失調的意識狀態稍微嚴重一點的形式而已。

在抗拒的情況下，不僅你的心理形相，就連你的物質形相——身體——都變得僵硬。

身體的不同部位會出現緊張的情形，整個身體也會收縮，而對身體的正常運作至關重要的生命能量之流也會大受限制，而無法在身體裡自由流動。

身體工作（bodywork）和某些形式的物理治療對恢復這個生命之流會有幫助，但是除非你在每日生活之中練習臣服，否則這些方法只能短暫地舒緩一些症狀，因爲病因——抗拒的模式——還沒有拔除。

你的生命情境是由那些稍縱即逝的狀況組成的，而你內在有個部分卻不受這些影響。只有透過臣服，你才能觸及這個部分。那就是你的生命、你的核心本體，它永恆地存在當下的無時間領域中。

如果你覺得你的生命情境令人不悅，甚至難以忍受，只有先經由臣服，你才可能打破讓這個情境持續存在的無意識抗拒模式。

臣服與採取行動、進行改變或達成目標，是完全並行不悖的。但在臣服的狀態，會有一份完全不同品質的能量流入你的作爲裡。臣服將你與本體的能量源頭重新連結，而如果你的作爲中注入了本體，它就會成爲一個生命能量的歡慶，帶著你更深入當下。

經由不抗拒，你意識的品質會大幅度提升，你所作所爲的品質連帶地也會有所改變。然後，好的結果自然會呈現，並反映出那份品質。我們可以稱之爲「臣服中的行動」。

**在臣服的狀態下，你可以清楚地看見需要做什麼**，然後採取行動，一次只做一件事，而且一次只專注一件事。

向大自然學習，看萬物如何自然地完成運作，而生命又是如何在毫無不滿或不悅的情況下展現奇蹟。

這就是爲什麼耶穌說：「看看野地裡的百合花是如何生長的；它們既不勞苦，也不紡紗。」

**如果你的整體情境令人不滿或不悅，把眼前這一刻從那些情境中分離出來，然後向當下本然臣服**。這就是穿透濃霧的手電筒。這樣你的意識狀態就不會被外在環境控制，你也不再基於反應和抗拒行事。

接下來，好好審視這個情境的細節，問自己：「我可以做些什麼，來改變、改善這個情境，或是讓自己從中脫離嗎？」如果答案是肯定的，就採取適當的行動。

不要把注意力放在一百件你未來要做，或可能要做的事情上，而是要專注在一件你此刻可以做的事情。這並不是說你不應該做任何計畫——計畫很可能就是你此刻可以做的那一件事——但要確定你不會一直在腦海中播放電影，也就是不斷把自己投射到未來，因而失去當下。你採取的任何行動也許都不會立刻有結果，但在結果出現前，不要抗拒本然。

如果此刻你無法採取任何行動，也無法從這個情境中抽身而出，那就利用這個情境，讓你更深入臣服的狀態，更深入當下，更深入本體。

當你進入了臨在的永恆向度，改變可能會以意想不到的方式出現，而不需要你花費很多力氣。生命會提供援助，而且非常配合。而如果恐懼、內疚或懶惰之類的內在因素阻止你採取行動，它們也會在你意識臨在的光芒中消融無蹤。

不要把臣服跟「管他的」或「我一點也不在意」這兩種態度混淆在一起。如果你仔細查看，會發現這兩種態度被「隱藏的怨恨」這種形式的負面性污染了，所以它們根本不是臣服，而是僞裝的抗拒。

當你臣服時，把你的注意力導向內在，去檢查是否有任何抗拒的痕跡遺留在內。當你這麼做的時候，要保持高度警覺，否則一小撮的抗拒可能會化身爲思想或未被承認的情緒，持續地藏匿在某個陰暗的角落。

## 從心智能量到靈性能量

**先從承認自己內在有抗拒開始**。當抗拒升起時，與它同在，去觀察你的心智如何創造它，又如何爲各種情境、你自己或其他人貼上標籤。察看這其中的思考過程，感受情緒的能量。

藉由目睹抗拒，你會發現它毫無用處；藉由全神貫注在當下，無意識的抗拒就被意識到了，而這就是它的末日。

你無法既有意識又不快樂、既有意識又處於負面情緒中。負面性、不快樂或痛苦無論以何種形式出現，都意味著有抗拒存在，而抗拒總是無意識的。

你會選擇不快樂嗎？如果你沒有選擇不快樂，那它是如何發生的？它的目的是什麼？是誰讓它持續下去的？

即使你意識到自己不快樂的感受，但事實是你與這些感受認同了，並經由強迫性思考讓這個過程持續。這一切都在無意識中進行。如果你有意識，也就是說，如果你在當下完全地臨在，那麼所有的負面性幾乎立刻會消失。它無法在你的臨在中生存，只能在你缺席的時候存活。

即使是痛苦之身，也無法在你的臨在中存活太久。給不快樂時間，會讓它持續下去，因爲時間是不快樂賴以爲生的要素。而透過對當下這一刻的強烈覺知，你可以移除時間，不快樂會就此終結。但是，你要它消失嗎？你眞的受夠了嗎？如果沒有這個不快樂，你會是誰？

除非你好好修練臣服，否則這個靈性的向度只會是你閱讀、談論、爲之興奮、著書論述、思考、相信或不相信的事物罷了。它不會造成任何改變。

直到你能夠眞正地臣服，這個靈性向度才會成爲你生活中一個活生生的實相。

當你這麼做的時候，你散發出來的能量會主導你的生活，而這個能量的振動頻率會比還在操控我們世界的心智能量高得多。

經由臣服，靈性能量來到了這個世界。它不會爲你自己、爲其他人類，或是爲地球上的其他生命形式，創造任何痛苦。

## 在人際關係中臣服

只有當一個人無意識的時候，才會試圖去利用或操控別人，這是眞的。但同樣地，眞的也只有無意識的人才會被別人利用和操控。如果你抗拒或反擊他人的無意識行爲，自己也會變得無意識。

但是臣服並不意味著你允許自己被無意識的人利用。完全不是。

你絕對有可能在內在完全臣服的狀況下，同時又堅定而清楚地對一個人說「不」，或是從一個情境中撤離。

**當你對一個人或一個情境說「不」的時候，別讓這個「不」來自你的反應，而是來自深刻的理解**，也就是說，在當下那一刻你清楚地知道，對你而言什麼是對，什麼是錯的。

讓這個「不」成為一個非慣性反應的「不」、一個高品質的「不」、一個不帶任何負面性，因而不會創造更多痛苦的「不」。

如果你無法臣服，那就立刻採取行動：直言不諱，或是做些事情讓你不喜歡的情境有所改變——或從情境中抽身而出。為自己的生命負責。

別讓負面性污染你美麗、明亮的內在本體，也別讓它污染地球。別讓不快樂在你的內在有任何形式的落腳處。

如果你無法採取行動——例如你是蹲在監牢裡——那你就只剩兩個

選擇了：抗拒或臣服，束縛或不依附外在的內在自由，受苦或內在平安。

經由臣服，你的人際關係也會有深遠的改變。如果你始終無法接納本然，那就意味著你無法接受任何人的本來面貌。你會批判、論斷、貼標籤、拒絕，或者試圖改變他們。

此外，如果你一直把當下做為達到未來目標的手段，你也會如此看待所有與你來往互動的人。那麼，關係——人類——對你來說，只是次要的，或者根本不重要，你能從這段關係中攫取到的什麼才是重點——無論是物質報酬、權力感、肉體的歡愉或其他形式的小我滿足。

讓我說明一下臣服如何在人際關係中發揮作用。

當你與伴侶或親近的人陷入爭執，或是某種衝突情境之中，先觀察當自己的立場被攻擊時，你如何展開防衛，或者在你攻訐對方的立場時，感受一下自己攻擊的力道。

觀察你對自己觀點和意見的執著，感受在「要讓自己是對的，而對方是錯的」那個需求背後的心理—情緒能量，那就是小我心智的能量。經由認出小我心智，並且盡可能全然地感受它，你便將意識帶入其中。

然後有一天，在爭執當中，你會突然領悟到你是有選擇的，而你也許決定放下自己的反應——只爲了看看接下來會發生什麼事。你臣服了。

我所謂的「放下反應」，指的不是在嘴上說說：「好吧，你是對的。」但臉上的表情卻在說：「我才不屑這些幼稚的無意識行爲。」這只是把抗拒轉換到另一個層次，但小我心智還是在當家作主、耀武揚威。我說的是完全放下你內在爭權奪利的那個心理—情緒能量場。

小我是很狡猾的，所以你必須提高警覺，保持高度臨在，然後完全誠實地面對自己，看看你是否眞的放下了對某個心理立場的認同，因而讓自己從心智當中解脫。

**如果你突然感受到光亮、清明及深刻的平安，這就是一個明顯的跡象，說明你眞的臣服了**。然後你可以觀察一下：在你不再透過抗拒對方的心理立場而賦予它能量之後，對方的心理立場會發生什麼變化。當與心理立場的認同被排除以後，眞正的溝通就展開了。

不抗拒並不一定指什麼都不做，它指的是任何作爲都不是從反應中產生的。切記東方武術中蘊含的深度智慧：無須抵抗對手的力道，讓而後勝。

之前說過，當你在一個強烈臨在的狀態下而「無爲」時，對情境和人們來說，就是一個強而有力的轉化和療癒力量。

「無為」與一般意識狀態，甚至是無意識狀態下的「不動」截然不同，後者源於恐懼、惰性或猶豫不決。眞正的「無為」意指內在的不抗拒和高度警覺。

另一方面，如果需要採取行動，你不會再從被制約的心智當中做出反應，而是會從有意識的臨在中對當時的狀況做出回應。在那個狀態下，你的心智中沒有任何概念，包括「非暴力」的概念。這樣一來，誰能預測你的下一步是什麼？

小我相信你的抗拒會帶來力量，然而眞相是，抗拒切斷了你與本體的連結，而本體才是眞正力量的唯一源頭。抗拒其實是偽裝成堅強的軟弱和恐懼，而處於純淨、無邪和力量中的本體，卻被小我視為軟弱。也就是說，小我認為剛強的，其實很軟弱，所以小我會在持續的抗拒模式中存在，並且假扮不同的角色來遮蓋你的「軟弱」，其實它眼中的軟弱才是你的力量。

無意識的角色扮演在人類的互動中占了絕大部分，直到臣服出現。在臣服之中，你不再需要小我的防衛和假面具，你變得非常簡單而眞實。「這太危險了！」小我會說，「你會受到傷害，你會變得脆弱。」

當然，小我不知道的是：只有透過放下抗拒、變得脆弱，你才能發現自己眞正百害不侵的本質。

# 第九章　轉化疾病和痛苦

## 將疾病轉化為開悟

臣服就是內在毫不保留地接納當下本然。在此，我們談的是你的生命，而不是我稱之爲生命情境的狀況或遭遇。

疾病是你生命情境的一部分，因此，它是有過去和未來的。除非你有意識的臨在能啓動當下的救贖力量，否則過去和未來就會形成一個不間斷的連續體。如你所知，在組成你生命情境（它存在時間之中）的各種不同狀況底下，有某種更深層、更根本的東西——你的生命，也就是你在永恆當下之中的本體。

在當下之中不會有任何問題，也不會有疾病存在。有人爲你的狀況貼上了某種疾病的標籤，而當你相信這個標籤時，就會讓這個狀況持續存在，並讓它變得更強，因而把一個暫時不平衡的狀態變成看似堅固的實相。你不但讓它眞實、堅固，還賦予它在時間中續存的能力，這是它前所未有的。

藉著**把注意力放在這一瞬間**，並且**避免在心理上爲它貼標籤**，疾病就被簡化爲以下這些現象：肉體的疼痛、虛弱、不舒服或殘障。你是臣服於當下，而不是臣服於「疾病」這個概念。

允許痛苦把你逼入當下時刻，進入一個強烈意識臨在的狀態，並利用它來開悟。

臣服並不會轉化本然，至少不會直接改變它。臣服轉化的是你。

當你轉化了，你的整個世界也就跟著轉化，因爲這個世界只不過是你內在的反映。

疾病不是問題所在，你才是問題——只要小我心智還在當家作主的話。

**當你生病或身體失去某種功能時，不要覺得自己在某方面失敗了**，不要覺得愧疚。不要責怪生命對你不公，也不要怪罪到自己頭上。這些全是抗拒。

如果你有重大疾病，用它來幫助你開悟；如果你的生命中發生了任何「壞」事，也用它來幫助你開悟。

把時間從疾病當中撤除，不要給它過去或未來，讓疾病迫使你進入高度覺知當下時刻的狀態——然後看看會發生什麼。

做一個煉金師，把賤金屬轉化爲黃金，把痛苦轉化爲意識，把災難轉化爲開悟。

你是否罹患重病，因此對我說的話感到憤怒呢？那麼，這就清楚地表示這個疾病已經成爲你自我感的一部分了，而你現在就是在保護你自己的身分認同，也在保護你的疾病。被貼上「疾病」標籤的那個狀態，與眞正的你毫無關係。

每當某種災難降臨，或是事情出了嚴重的「差錯」——疾病、殘障、失去家園或財產、失去社會地位、親密關係中止、心愛的人死亡或受苦，或是你自己即將面臨死亡——你就要知道這些事情還有另外一面，要知道你與一個不可思議的現象只有一步之遙。這個不可思議的現象就是：煉金般的完全轉化，把痛苦和受苦的賤金屬徹底轉化成黃金。而所差的那一步就叫臣服。

我並不是說你在這樣的處境中還會快樂。你不會的。但是恐懼和痛苦會轉化成一種來自極深處的內在平安與祥和，這個極深之處就是未顯化的狀態。這是「上主的平安，超越所有的理解」。相較之下，快樂顯得相當膚淺。

隨著這個光芒四射的平安而來的，是一份領悟——不是來自心智層面，而是來自本體深處。你領悟到你是永生不滅、永垂不朽的。這不是一個信念，而是絕對的確信，不需要任何外在證明或來自二手來源的證據。

## 將痛苦轉化為平安

在一些極端的情境中，要你接納當下幾乎是不可能的，但你隨時都有第二次臣服的機會。

**你的第一次機會，就是時時刻刻對當下的實相臣服。**了解到本然是無法變更的——因爲它已經如實存在了——然後對當下的本然說

「是」，或者接納當下的缺失。

然後依當時情境之所需，做你該做的事。

如果你安住在接納的狀態中，你就不會再創造負面性，不會再創造痛苦和不快樂。然後你就可以在一個不抗拒的狀態下生活，這是恩典和輕盈的狀態，毫不費力。

每當你做不到，因而失去第一次臣服的機會時——也許是因爲你沒有足夠有意識的臨在，來阻止習慣性且無意識的抗拒模式升起，或者因爲情況實在太極端了，讓人完全無法接受——那麼你就會創造某種形式的痛苦，因而受苦。

乍看之下，好像是那個情境創造了痛苦，其實不然——痛苦是你的抗拒創造出來的。

**現在你有第二次臣服的機會**：如果你無法接納外在的本然，那就接納內在的本然；如果你無法接納外在的狀況，就接納內在的狀況。意思就是說：不要抗拒痛苦，允許它如實存在。向悲痛、絕望、恐懼、孤獨或其他任何形式的痛苦臣服，不要在心理上爲它貼標籤，就只是如實地觀察它，然後擁抱它。

接著看看臣服的奇蹟如何將深沉的痛苦轉化爲深刻的平安。這是你的十字架，你的受難，讓它成爲你的復活與升天。

當痛苦刻骨銘心，有關臣服的長篇大論可能顯得荒誕無稽。當痛苦如此之深，你很可能會有強烈的衝動想要逃離它，而不是臣服於它。你不想去感受自己所感覺到的，這再正常不過了。但是，那裡沒有出口，你無路可逃。

有很多假冒的逃脫出口，例如工作、酒精、藥物、怒氣、投射、壓抑等等，但是它們無法讓你從痛苦中解脫。即使把痛苦變得無意識，它的強度絲毫不會減弱。當你否認情緒的痛苦時，你的所作所爲、所思所想，以及你所有的人際關係都會被它污染。也就是說，你把情緒的痛苦傳播出去了——別人會下意識地接收你散發出來的能量。

在這種情況下，如果其他人是無意識的，他們可能被迫以某種方式攻擊或傷害你，或者你可能會將你的痛苦無意識地投射出來，因而傷害了他們。你會吸引並顯化與你內在狀態相應的事物。

**當無路可逃時，總還是有一條路可以穿越**。所以，不要轉身背離你的痛苦。相反地，要面對它，全然地感受它——是去感受，而不是去思考！如果必要的話，可以把痛苦表達出來，但是不要在腦袋裡爲它編寫劇本。把你所有的注意力放在感受上，而不是那個似乎引發了這個痛苦的人、事或情境。

別讓心智利用痛苦來爲你自己創造一個受害者的身分。爲自己感到難過，並跟他人述說自己的故事，只會讓你困在痛苦中，無法脫身。

既然無法從感受中脫身，唯一改變的可能性就是向它靠近，進入它；要不然，一切都不會改變。

所以，要全神貫注在你所感受到的上面，避免在心理上爲它貼標籤。當你進入那個感覺時，要高度警覺。

起初，你會覺得好像闖入了一個黑暗而可怕的地方，而當想要轉身逃跑的欲望出現時，不要行動，只要觀察它。繼續把注意力放在痛苦上，繼續感受那份悲痛、恐懼、害怕、孤獨，無論那是什麼。

保持警覺，保持臨在——以你整個本體，以及你身上的每個細胞臨在。當你這麼做的時候，你便將光帶入了黑暗之中。這就是你意識的火焰。

在這個階段，你就不需要再擔心臣服的問題了。它已經發生了。

如何發生的呢？全然的專注就是全然的接納，就是臣服。藉由全神貫注，你取用了當下的力量，也就是你臨在的力量。

在臨在中，沒有任何抗拒可以暗藏在角落苟活。臨在移除了時間，而沒有了時間，就沒有任何痛苦和負面性能夠存活下來。

**接納痛苦是一個通往死亡的旅程**。面對深沉的痛苦，允許它如實存在，把注意力帶入其中，就是有意識地進入死亡。當你經歷過這一次的死亡之後，你就了解到其實沒有所謂的死亡，也沒有什麼好害怕的。死去的只有小我。

打個比方：想像一道陽光，它忘記了自己是太陽不可分割的一部分，進而蠱惑自己相信，它必須努力奮鬥才能存活，於是便在太陽之外另外創造一個身分認同，並緊抓不放。如果這個錯覺消失的話，對一道道陽光來說，豈不是不可思議的解脫？

你想要死得自在嗎？你是否願意死的時候沒有苦、沒有痛？那麼，就在每一個當下跟過去說再見，並讓那個沉重的、被時間束縛的自我（你以爲那是眞正的你）在你臨在之光的照耀下消融殆盡。

## 受難之路——經由受苦而開悟

受難之路是舊有的開悟方式，但直到近代，它都是唯一的道路。不要貶低或小看了它的效力，它依然很有用。

受難之路是一條完全顚覆的道路。它指出，你生命中最壞的事——你的受難——會轉變成你生命中最美好的事。這個過程的發生，是經由迫使你臣服，進入「死亡」，迫使你一切皆空，因而變得像神一樣，因爲神的本質就是空無。

經由受苦而開悟——受難之路——意味著你是在拳打腳踢、哭號不休的狀況下，被迫進入天國的。最後，你終於臣服了，因為你再也無法忍受痛苦。不過在你臣服之前，痛苦可能會持續很長時間。

**有意識地選擇開悟**，就是放下對過去和未來的執著，並讓當下成為你生活的焦點所在。

它指的是選擇安住在臨在的狀態中，而不是在時間中遊蕩。

它指的是對當下本然說「是！」

這樣一來你就不再需要痛苦了。

而你到底還需要多少時間，才能夠說：「我不會再創造痛苦，我不要再受苦了」？你到底還要再受多少苦，才能做出這個選擇？

如果你認為你需要更多時間，你就會有更多時間——同時也會有更多的痛苦，因為時間和痛苦密不可分。

## 選擇的力量

選擇意味著意識——一個高度的意識。沒有意識，你就無從選擇。從你不再認同於心智和它被制約的模式那一刻、從你變得臨在的那一刻，選擇就開始了。

在你到達那個境界之前，從靈性上來說，你還是無意識的。意思就是，你會在心智的制約之下，被迫以某些方式思考、感受和行動。

沒有人會選擇功能失調、衝突和痛苦，也沒有人會選擇瘋狂。這些之所以會發生，是因爲在你之內沒有足夠的臨在去瓦解過去，也沒有足夠的光去驅逐黑暗。你不是完全地臨在此地，也還沒有完全覺醒。而當你沒有完全臨在、完全覺醒時，被制約的心智就操控你的生命。

同樣地，如果你和很多人一樣，與父母之間還有些問題，如果你還是對父母做過或沒做的事心懷怨恨，那麼你就依然相信他們是有選擇的——他們當時可以選擇不一樣的方法對待你。乍看之下，人們好像一直都有選擇的自由，其實這是個假相。只要你的心智和它被制約的模式在掌控你的人生，只要你還是你的心智，那你會有什麼選擇呢？沒有。你當時甚至人都不在那兒呢。與心智認同的狀態是嚴重功能失調的。它是某種形式的瘋狂。

幾乎每個人或多或少都受上述這種病症所苦。當你恍然大悟的那一刻，就不會有任何怨憎了。你怎麼會怨恨別人的疾病呢？一旦了然於心，你最適當的反應就是慈悲爲懷。

如果你被心智所掌控，即使你沒有選擇，還是會爲你無意識的後果受苦，也會繼續創造更多痛苦。你會承受恐懼、衝突、問題和痛苦的重擔，到了最後，這些被創造出來的痛苦會迫使你從無意識的狀態中脫身而出。

**只要你還從過去汲取自我感，你是無法眞正寬恕自己、寬恕他人的**。只有藉由取用當下的力量（這才是你眞正的力量），才有眞正寬恕的可能。這會使得過去不再有力量，而你也深切領悟到：你過去所做的，或是別人對你做的，根本一點也碰觸不到你眞實身分那光芒四射的本質。

當你臣服於當下本然而全然臨在時，過去就不再有力量，你也不再需要它了。臨在才是關鍵，當下才是重點。

既然抗拒與心智是無法分離的，放下抗拒——臣服——就使得心智無法再主宰你，或是冒名頂替你，成爲假的神。所有的批判和負面性都瓦解了。

而一直以來被心智遮蔽的本體範疇，就會再度開啓。

突然之間，你的內在會升起極大的定靜——一種深不可測的平安感。

在那平安之中，有著極大的喜悅。

在那喜悅之中，有著愛。

而在最深處的核心，是神聖的、不可測量的、無以名之的「那個」（That）。

國家圖書館出版品預行編目資料

修練當下的力量／艾克哈特・托勒（Eckhart Tolle）著；
張德芬 譯；-- 初版 -- 臺北市：方智，2009.02
168 面；14.8×20.8公分 --（新時代系列；133）
譯自：Practicing the power of now : essential teachings, meditations, and exercises from the power of now

ISBN 978-986-175-142-9（平裝）

1. 靈修
192.1　　97024900

Eurasian Publishing Group 圓神出版事業機構 用心與你對話・視野無限寬廣
方智出版社 Fine Press

www.booklife.com.tw　　reader@mail.eurasian.com.tw

新時代系列 133

# 修練當下的力量

作　　者／艾克哈特・托勒（Eckhart Tolle）
譯　　者／張德芬
發 行 人／簡志忠
出 版 者／方智出版社股份有限公司
地　　址／台北市南京東路四段50號6樓之1
電　　話／（02）2579-6600・2579-8800・2570-3939
傳　　真／（02）2579-0338・2577-3220・2570-3636
總 編 輯／陳秋月
資深主編／賴良珠
責任編輯／黃淑雲
美術編輯／金益健
行銷企畫／吳幸芳・崔曉雯
印務統籌／林永潔
監　　印／高榮祥
校　　對／賴良珠・黃淑雲
排　　版／杜易蓉
經 銷 商／叩應股份有限公司
郵撥帳號／ 18707239
法律顧問／圓神出版事業機構法律顧問　蕭雄淋律師
印　　刷／祥峰印刷廠
2009年2月　初版
2023年3月　52刷

Practicing the Power of Now
By Eckhart Tolle
Copyright © 2001 by Eckhart Tolle
Original English language publication 2001 by New World Library, Inc., San Rafael, California, USA.
Complex Chinese-language edition copyright © 2009 by The Eurasian Publishing Group (Imprint: Fine Press)
All rights reserved.

定價 220 元　　ISBN 978-986-175-142-9　版權所有・翻印必究

◎本書如有缺頁、破損、裝訂錯誤，請寄回本公司調換　　Printed in Taiwan